Sancta Crux

Zeitschrift des Stiftes Heiligenkreuz

83. Jahrgang
Nummer 139

Be&Be

Schriftleiter: Pater MMag. Roman Nägele OCist

Sancta Crux 2022

Zeitschrift des Stiftes Heiligenkreuz

83. Jahrgang,
Nr. 139
ISBN 978-3-903602-82-3

Be+Be-Verlag: Heiligenkreuz 2023

Foto Cover:
Besuch bei Papst em. Benedikt XVI. im Garten des Klosters Mater Ecclesiae im Vatikan mit Rektor P. Wolfgang Buchmüller OCist und Direktor Martin Leitner

Copyright: Martin Schöffberger

Foto Cover Rückseite:
Papst Franziskus: Weihe an das Unbefleckte Herz Mariens

Copyright: Abt Maximilian Heim OCist

Layout: AugstenGrafik, www.augsten.at

Be+Be

© Be+Be-Verlag Heiligenkreuz im Wienerwald,
www.bebeverlag.at
Direkter Vertrieb:
Be+Be-Verlag Heiligenkreuz
A-2532 Heiligenkreuz im Wienerwald
Tel. +43-2258-8703-400
www.klosterladen-heiligenkreuz.at
E-Mail: bestellung@klosterladen-heiligenkreuz.at

Sancta Crux

Zeitschrift des Stiftes Heiligenkreuz

83. Jahrgang
Nummer 139
ISBN 978-3-903602-82-3
Heiligenkreuz 2022
Schriftleiter:
Pater MMag. Roman Nägele OCist

Be+Be

Inhaltsverzeichnis

2. Teil: Offizien

3. Teil: Wirtschaftsbetriebe

4. Teil: Kunst und Geschichte

5. Teil: Musik

6. Teil: Hochschule

7. Teil: Spirituelles

8. Teil: In Memoriam

Abb. 1: Am Vorabend zu Mariä Himmelfahrt an der Lourdesgrotte

Geleitwort

Abt Maximilian Heim OCist

Der Silvestertag des Jahres 2022 wird mit dem Heimgang des emeritierten Papstes Benedikt XVI. im Gedächtnis der Geschichte der Kirche wie auch unseres Klosters einen bleibenden Platz bekommen. Es ist bezeichnend für das Leben von Joseph Ratzinger / Benedikt XVI., dass Gott ihn noch am Ende der Weihnachtsoktav heimrief, einen Gelehrten der Kirche und „einfachen und demütigen Arbeiter im Weinberg Gottes"[1], der sein Leben, sein Forschen und sein Wirken dem fleischgewordenen Wort Gottes weihte. Dass er mit unserem Haus besonders verbunden war, zeigten der 9. September 2007 und viele weitere Begegnungen, die in den Herzen der Einzelnen eingeschrieben sind. So war es natürlich, dass eine Abordnung von Heiligenkreuz mit dem Abt, dem Rektor der Hochschule wie auch dem Missio-Nationaldirektor und weiteren Mitbrüdern und Studenten der Hochschule an der Beisetzung in Rom teilnahmen. Der Herr lasse diesen treuen Mitarbeiter der Wahrheit sein Antlitz schauen, nach dem er sich ein Leben lang gesehnt hat.

In großer Dankbarkeit für das vergangene Jahr halten wir unsere Hauszeitschrift in den Händen. Ein besonderer Dank gilt dem Schriftleiter P. Roman Nägele OCist und allen Mitarbeitern dieser Ausgabe der Sancta Crux. Wie P. Roman alljährlich am österreichischen Nationalfeiertag als Kustos des Stiftes Einblicke in unsere Kunstsammlung gibt, so ist dieser Jahresrückblick ein gelungenes Resümee der Hausgeschichte des Jahres 2022. In diesem Jahr verlor vor allem auch die Corona-Pandemie ihre Schrecken. Der Artikel von P. Eugenius Lersch OCist über die Federzeichnung „Die Seuche" von Arthur Paunzen ist noch eine Reminiszenz nicht nur an historische Seuchen, sondern auch an die vergangenen schweren Corona-Jahre, die Gesellschaft und Kirche in tiefgreifender Weise verändert und geprägt haben.

Neben der Jahreschronik und der Kunst wird in der Sancta Crux der Alltag des Stiftes lebendig geschildert: Von der Infirmarie, dem Krankendienst des Klosters, bis hin zur Jugendarbeit, von Interviews mit bewährten Mitarbeitern der Wirtschaftsbetriebe bis hin zum Rückblick auf ein erfülltes Arbeitsleben unseres langjährigen Pförtners Oskar Scheichenberger bzw. des Ehepaars Lore und Hans Hohlagschwandtner, die zusammen mit ihren Angehörigen jahrzehntelang mit dem Stift verbunden gewesen sind. Nicht zu vergessen ist der 100. Geburtstag von Frau Gertrud Richter, den sie noch in guter körperlicher und geistiger Verfassung

1 Benedikt XVI., Apostolischer Segen „Urbi et orbi", Erster Gruß am 19. April 2005.

im Kreis ihrer Lieben begehen konnte. Ihr verdanken wir viele historische Einzelheiten, die im zweibändigen Werk über die Geschichte von Heiligenkreuz, das von ihrem Gatten Prof. Werner Richter verfasst wurde, aufgenommen sind. Noch im Oktober desselben Jahres wurde sie von Gott heimgerufen.

Es ist eine Freude, dass unsere Hochschule mit der Eröffnung des Janos-Brenner-Hauses, das der Bruder des Seligen, Prälat József Brenner feierlich gesegnet hat, einen Höhepunkt ihrer jüngeren Geschichte feiern durfte. Auch unser Künstlermönch P. Raphael Statt OCist konnte durch die Großzügigkeit unseres mittlerweile verstorbenen Familiaren und Ehrensenators Werner Deschauer das Foyer des neuen Hauses durch seine Glaskunst in ein lebendiges Licht tauchen. Für unseren Stiftsbaumeister Arnold Link ist dieses Gebäude ein sichtbarer Höhepunkt seiner architektonischen Schaffenskraft.

In den vergangenen Jahren wurden durch P. Roman Schätze unseres Musikarchivs neu gehoben. Eine Frucht davon ist zum Beispiel die jährlich stattfindende Rebay-Musikakademie, die internationale Beachtung findet.

Nicht zuletzt findet die Spiritualität unseres Hauses Niederschlag im letzten Teil der Sancta Crux. Das Grußwort zur Segnung des Gründungskreuzes durch den Apostolischen Nuntius in Deutschland, Erzbischof Dr. Nikola Eterović, findet dabei besondere Beachtung. Dieses Kreuz steht auf dem künftigen Baugelände des neuen Klosters Neuzelle.

Unsere Verstorbenen sind uns auch über den Tod hinaus verbunden. Der plötzliche Heimgang unseres Bischofsvikars P. Petrus Hübner OCist hat viele Menschen bewegt. Es war eine große Ehre, dass unser Erzbischof Kardinal Christoph Schönborn selbst das Requiem leitete.

Einer, den wir nicht vergessen dürfen, ist unser im Mai 2021 verstorbener Betriebsleiter Karl Forstner. Angeregt durch die Enzyklika Laudato si′ von Papst Franziskus hat er unsere gesamte Landwirtschaft auf biologische und ökologische Landwirtschaft umgestellt. Dementsprechend will ich am Ende dieser Hinführung Papst Franziskus zu Wort kommen lassen. Er sagte im Jahr 2022 in Assisi zu jungen Menschen: „Eure Jugend fällt in eine Zeit, die nicht einfach ist: erst die Umweltkrise, dann die Pandemie und jetzt auch noch der Krieg in der Ukraine, und die anderen Kriege, die seit Jahren in verschiedenen Ländern toben. Das alles prägt Euer Leben … Eine neue Wirtschaft, die von Franz von Assisi inspiriert ist, kann und muss heute eine umweltfreundliche Wirtschaft und eine Wirtschaft des Friedens sein. Es geht darum, eine Wirtschaft, die tötet, in eine Wirtschaft des Lebens zu verwandeln und zwar in all ihren Dimensionen." Bitten wir wie Papst Franziskus es uns am 25. März 2022 bei der Weltweihe an das Unbefleckte Herz Mariens vorgelebt hat, Maria, die Königin des Friedens, um die Gnade der Bekehrung, damit unsere Herzen und Gewissen gewandelt werden und wir Werkzeuge des Friedens in Kirche und Gesellschaft werden können.

Vorwort der Redaktion

P. Roman Nägele OCist

„Sancta Crux", die Hauszeitschrift des Stiftes Heiligenkreuz, ist eine der verschiedenen Formen der Informationsübermittlungen unseres Hauses und der zisterziensischen Familie. Seit Mitte der zwanziger Jahre können Freunde und Interessierte durch diese jährlich erscheinende Druckschrift einen Einblick in unsere Gemeinschaft tun. In unserer Schnelllebigkeit des Internetzeitalters muss es auch etwas Beständiges, Schriftliches und in die Zeit Hineinreichendes geben.

Die aktuelle Ausgabe unseres Jahresberichtes bietet neben der Jahreschronik wieder wertvolle Beiträge über unsere klösterliche Gemeinschaft. Von Interesse sind die Feiern unserer Mitbrüder auf den Stiftspfarreien und die damit verbundenen Feierlichkeiten. Dabei werden die verschiedenen Interessen der Leserschaft berücksichtigt. Kunst, Musik, Geschichte, Spiritualität, Hochschule und die Wirtschaftsbetriebe u.a. sollen in dieser Ausgabe bedacht werden.

Bei der Lektüre dieses Jahresrückblickes sollen Ihnen wichtige Momente und Ereignisse noch einmal in Erinnerung gebracht werden.

Viel Freude!

Abb. 2: P. Roman mit der Generaloberin der Servitinnen Sr. Chantal Marie OSM und zwei Rätinnen

In Memoriam
Papst Benedikt XVI.

Requiem für Papst Benedikt XVI

P. Thaddäus Maria Hausmann OCist

Predigt von Kaplan P. Thaddäus anlässlich des Requiems von Pfarrer P. Elias für den verstorbenen Papst Benedikt XVI. in der Pfarrei St. Marien, Bochum-Stiepel, am 9. Jänner 2023 [Phil 3,20–4,1, Joh 21,15–19]

Die Begegnung, von der uns das Evangelium berichtet (Joh 21,15–19: Jesu Auftrag an Petrus und sein Ruf in die Nachfolge), ist eine *österliche Szene*: Es ist *der Auferstandene*, der hier dem Petrus erschienen ist. Das Johannesevangelium überliefert uns die Begebenheit, damit *der Glaube an die Auferstehung* entfacht werde und damit wir diesen Glauben auch weitergeben. Er ist die Mitte des Evangeliums und zugleich Kern unseres Christseins!

Worum geht es in der Szene konkreter? Hier wird einer jener kostbaren und innigen Momente beschrieben, die wir vielleicht auch kennen – nämlich im Gebet: *Du und ich*, ganz allein, von Herz zu Herz, als wäre keine Welt mehr ringsum, auch wenn es anders ist. Die Jünger sind zwar anwesend, aber Jesus wendet sich für einen Augenblick ganz Petrus zu und er erneuert den schon zu Lebzeiten erteilten Auftrag an ihn (vgl. Joh 1,42). Simon Petrus soll der Fels sein, auf den die Kirche gebaut ist. Gleich dreimal beauftragt hier Christus ihn zum Weiden seiner Herde (21,15.16.17). Wir dürfen daran denken, dass *jeder Petrusnachfolger*, auch Papst Benedikt XVI., *dreimal* eine Beauftragung zum *Pastor* empfangen hat – nicht, wie Petrus, auf einen Schlag, aber im Laufe seines Lebens: durch die Weihe zum *Priester* (im Fall von Joseph Ratzinger am 29. Juni 1951, vor über 71 Jahren), durch die Weihe zum *Bischof* (am 28. Mai 1977, also vor über 45 Jahren), und schließlich durch die Wahl zum *Papst* (am 19. April 2005). Diese schwierigste aller innerkirchlichen Sendungen hat Benedikt XVI. knappe acht Jahre lang erfüllt, bis er am 28. Februar 2013 auf sein Amt verzichtete – vor fast genau 10 Jahren.

Als Joseph Ratzinger um Ostern 2005 zum Papst gewählt worden ist, da habe ich zunächst reagiert wie viele um mich: „Katastrophe!" „Das kann nicht wahr sein, dass sie diesen reaktionären Panzerkardinal zum Papst gewählt haben", habe ich mir damals gedacht. Das Bild von Ratzinger, das damals in der deutschen Kirche vorgeherrscht hat (und in weiten Teilen bis heute verbreitet ist), habe ich mir ganz unkritisch zu eigen gemacht.

Bei seiner Amtseinführung am 24. April in Rom las ich von Benedikt XVI. dann solche Sätze: „Habt keine Angst vor Christus! Er nimmt nichts, und er gibt alles.

Wer sich ihm gibt, der erhält alles hundertfach zurück." (Rom 24.4.2005, Predigt) Ich muss gestehen, mich haben diese Worte damals sehr getroffen, weil ich gerade auf der Suche nach der eigentlichen Berufung in meinem Leben gewesen bin. Mit dem Bild eines Rottweilers waren solche Sätze jedenfalls nicht in Einklang zu bringen. Danach machte ich mir erstmals die Mühe, etwas von Ratzinger zu lesen (*Einführung in das Christentum*) und war hin und weg. Er erreichte bei mir Hirn und Herz zugleich. Die Klarheit und Schönheit seiner Sprache machte den Inhalt seiner Botschaft sinnfällig, dass Glaube und Vernunft keine Gegensätze sind.

Am 9. September 2007 besuchte Papst Benedikt XVI., dessen Reisen ich fortan detailliert verfolgte (viele Ansprachen sind zu intellektuellen Meilensteinen geworden: Paris, Collège des Bernardins, 12. September 2008; London, Westminster Hall, 17. September 2010; Berlin, Bundestag, 22. September 2011), unsere Mutterabtei Stift Heiligenkreuz, in die ich fünf Jahre später eintrat. Bis zu diesem Tag kannte ich Heiligenkreuz nicht, aber nach dieser Ansprache war für mich nicht nur klar, was meine Berufung ist, sondern auch wohin sie mich zog (von damals Helsinki). Benedikt XVI. fasste ins Wort, was die tiefste Sehnsucht in mir war, die ich bis dahin von allein nicht artikulieren konnte:

„*Jeder Mensch trägt im Innersten seines Herzens die Sehnsucht nach der letzten Erfüllung, nach dem höchsten Glück, also letztlich nach Gott, sei es bewusst oder unbewusst. Ein Kloster, in dem sich die Gemeinschaft täglich mehrmals zum Gotteslob versammelt, bezeugt, dass diese urmenschliche Sehnsucht nicht ins Leere geht. Gott, der Schöpfer, hat uns Menschen nicht in eine beängstigende Finsternis gesetzt, wo wir verzweifelt den letzten Sinngrund suchen und ertasten müssten (vgl. Apg 17,27); Gott hat uns nicht in einer sinnleeren Wüste des Nichts ausgesetzt, wo letztens nur der Tod auf uns wartet. Nein! Gott hat unsere Dunkelheit durch sein Licht hell gemacht, durch seinen Sohn Jesus Christus. In ihm ist Gott mit seiner ganzen ‚Fülle' in unsere Welt eingebrochen (Kol 1,19), in ihm hat alle Wahrheit, nach der wir uns sehnen, ihren Ursprung und ihren Gipfelpunkt.*" (Papst Benedikt XVI., Ansprache in Stift Heiligenkreuz, 9. September 2007)

Die *Suche nach der Wahrheit* war für Joseph Ratzinger / Benedikt XVI. eine wesentliche Triebfeder seines Lebens. Die andere war die *Suche nach der Liebe*. In einem Gespräch mit seinem späteren Biographen Peter Seewald sagte Joseph Ratzinger im Jahr 2000:

„*Gott selbst ist Liebe. In diesem Sinn ist Liebe tatsächlich das Grundgesetz und das Grundziel des Lebens. Wir sind hier wieder beim Geheimnis des Weizenkorns, beim Sichverlieren und Sichfinden [!]. Damit müssen wir nun verbinden, dass man die Liebe, wie wir wissen, nicht machen kann. Sie wird uns geschenkt. Sie ereignet sich, sie geht vom andern her auf mich zu, sie geht in mich ein.*" (Gott und die Welt. Glauben und Leben in unserer Zeit. Gespräch mit Peter Seewald, Stuttgart / München 2000, 158)

Wie die beschriebene Dynamik konkret wirkt, schildert uns das vorhin gehörte Evangelium anschaulich. „Liebe", schreibt Ratzinger, „wird uns geschenkt. Sie ereignet sich, sie geht vom andern her auf mich zu, sie geht in mich ein." Genau so passiert es mit Petrus, als er von Jesus dreimal gefragt wird: „Simon, Sohn des Johannes, liebst du mich?" (Joh 21,15–17) Die Frage wird weh getan haben. Wie Fegefeuer muss der Moment gewirkt haben, hat doch Petrus seinen besten Freund vor Kurzem noch ebenso oft verleugnet, während der seinen Peinigern ausgeliefert gewesen ist. Jesu dreimalige Frage war Vergebung durch Einhauchen von Liebe. Sie war ein heiliger Tausch von Sünde gegen Liebe, bis Petrus, völlig entwaffnet, aber gerade so erst fähig zur vollkommenen Annahme, diese Antwort gab: „Herr, du weißt alles; du weißt, dass ich dich liebe." (21,17).

Wir wissen, dass dies auch die letzten Worte von Benedikt gewesen sind, ehe er verstorben ist: „Herr, ich liebe dich." Möge Christus, sein gerechter Richter und sein Freund, den treuen Diener unserer Freude nun für würdig befinden, die *vollkommene Liebe* zu verkosten. Wir tun es und verneigen uns in tiefer Dankbarkeit.

Abb. 3: P. Judas Thaddäus mit Papst Benedikt XVI.

Vermächtnis und Auftrag einer Namensgebung Papst Benedikt XVI. und seine Geschichte mit Heiligenkreuz

Abt Maximilian Heim OCist

Die Spuren, die Joseph Ratzinger / Papst Benedikt in Heiligenkreuz hinterlassen hat, reichen mehr als 50 Jahre zurück und prägen auch weiterhin Gegenwart und Zukunft unserer Hochschule, die im Jahr 2007 nach ihm benannt worden ist, wie auch das Stift als Ganzes. Diese Geschichte ist eng verbunden mit unserer jüngeren Hausgeschichte wie mit der theologischen Landschaft der letzten Jahrzehnte. 1972 hatte Ulrich Henckel von Donnersmarck, der nachmalige Abt Gregor OCist, noch als Diplomkaufmann in Frankfurt eine erste nachhaltig prägende Begegnung mit Prof. Ratzinger bei einer geistlichen Tagung der schlesischen Malteser in Bad Wimpfen am Neckar. Dieser war damals Professor für Dogmatik und Dogmengeschichte an der Kath. Fakultät der Universität Regensburg.

Ähnliche Begebenheiten könnten sicherlich auch weitere Mönche von Heiligenkreuz hinzufügen. Aus der Nähe erlebte ich als junger Theologiestudent Joseph Ratzinger zum ersten Mal in der Universitätskirche St. Ludwig in München am 27. November 1981 beim Requiem für Prof. Dr. Karl Forster[2]. Die Persönlichkeit und die Worte des damaligen Erzbischofs von München und Freising beeindruckten mich dermaßen, dass ich mich auch nach über 40 Jahren noch an wörtliche Passagen seiner Predigt erinnern konnte: „Es gibt" – so sagte er – „ein kostbares Fragmentstück seines Schaffens ..., das sich nun, nachträglich noch einmal gelesen, fast wie eine vorweggenommene innere Biographie von Karl Forster ausnimmt."[3] Mich faszinierte, wie Joseph Ratzinger es verstand, mit Empathie die Biographie des plötzlich verstorbenen Gelehrten aus diesem Fragment mit der Botschaft der Auferstehung zu verbinden.

1985 begegnete P. Gregor Henckel Donnersmarck als spätberufener Priester dem Präfekten der Glaubenskongregation bei einer Tagung in Sankt Georgen am Längsee, zu der Egon Kapellari als Diözesanbischof eingeladen hatte. Durch die Vorträge Ratzingers über den Traktat *De Deo creatore* wie in den anschließenden Diskussionen und noch mehr bei den ausführlichen Tischgesprächen hatte P. Gregor die Gelegenheit, einen sehr persönlichen Kontakt mit Joseph Kardinal

2 Joseph Ratzinger, JRGS 1, 711–715. Das Requiem war unmittelbar nach seiner Ernennung zum Präfekten der Römischen Glaubenskongregation am 25. November 1981.

3 Ebd. 712.

Ratzinger zu knüpfen. Die Weisung des heiligen Benedikt „Ergo nihil Operi Dei praeponatur"[4] (RB 43,3) – man soll also dem Gottesdienst nichts vorziehen, bezeichnete Kardinal Ratzinger als den „Erhaltungssatz der spirituellen, der geistlichen Energie.[5]

Der damalige Dekan unserer Hochschule, Prof. P. Dr. Augustinus Fenz OCist, lud Ende der 1980er Jahre den Präfekten der Glaubenskongregation mehrmals nach Heiligenkreuz ein. Schon damals kam der Gedanke auf, unsere Lehreinrichtung zu einer Hochschule päpstlichen Rechtes zu erheben. Zu diesem Zeitpunkt wäre dies jedoch eine klare Überforderung unseres wesentlich kleineren Konventes und der vorhandenen Ressourcen gewesen, wie es der damalige Abt Gerhard Hradil OCist zu vermitteln wusste. Dieser Umstand schmälerte aber keineswegs die gegenseitige Wertschätzung und die Verbindung zu Joseph Kardinal Ratzinger. So segnete er zum Beispiel bei einem seiner Besuche im Jahr 1987 den Primizkelch von P. Karl Wallner OCist, des späteren Dekans und ersten Rektors der 2007 erhobenen päpstlichen Hochschule.

Als ich Ende der 90er Jahre an der Universität Graz bei Prof. Dr. Bernhard Körner ein Dissertationsthema suchte, stand die Theologie Joseph Kardinal Ratzingers von Anfang an im Fokus meiner Überlegungen. Unter dem Titel „Joseph Ratzinger – Kirchliche Existenz und existenzielle Theologie" schloss ich diese Arbeit im Oktober 2002 ab. Am 1. März 2003 durfte ich zusammen mit Abt Gregor dem Präfekten der Glaubenskongregation in Rom ein gebundenes Manuskript überreichen. Da die Arbeit bald vergriffen war, drängte mich der Verlag, eine zweite, korrigierte und ergänzte Auflage vorzubereiten. Dafür erbat ich nun von Joseph Kardinal Ratzinger ein Geleitwort, das er mir kurz vor seiner Wahl zum Pontifex in der Fastenzeit 2005 zukommen ließ. Darin fragte er im Rückblick auf das II. Vatikanum, unsere aktuellen Probleme schon vorhersehend: „Aber ging es nicht doch in dem leidenschaftlich geführten Streit um die bischöfliche Kollegialität und ihr Verhältnis zum Primat um Sozialstrukturen in der Kirche, um Machtverteilung?"[6] Wenige Wochen danach, am 19. April 2005, wurde er zum 265. Nachfolger des Apostels Petrus gewählt. Die Freude über diese schnelle Wahl teilten wir in Heiligenkreuz mit vielen Gläubigen, die Joseph Ratzinger nicht als den von den Medien verzeichneten „Panzerkardinal", sondern als einen kompetenten und doch sehr bescheidenen „Arbeiter im Weinberg Gottes"[7] erlebten.

---

4 RB 43,3.

5 Gregor Henckel Donnersmarck, *Interview: Heiligenkreuz lässt sich vom Papst inspirieren,* in: Karl Josef Wallner (Hg.), *Der Papst in Heiligenkreuz,* Heiligenkreuz 2007, 114–116, hier: 114.

6 Joseph Ratzinger, Geleitwort, in: maximilian heim, *Joseph Ratzinger – Kirchliche Existenz und existentielle Theologie. Ekklesiologische Grundlinien unter dem Anspruch von Lumen gentium,* Frankfurt am Main [3]2014, 7–8.

7 Benedikt XVI., *Erster Gruß Seiner Heiligkeit Benedikt XVI.,* 19. April 2005.

Abb. 3a: Besuch bei Papst em. Benedikt XVI. im Jahr 2019.
Erzbischof Georg Gänswein, Abt Maximilian, Prälat Georg Ratzinger, Herr Fabian Eibl C.R.V., Papst em. Benedikt XVI., P. Georg M., P. Aelred M..

Er hatte noch als Kardinal zugesagt, zum 850-Jahr-Jubiläum nach Mariazell in Österreich zu pilgern. Als es sich 2006 abzeichnete, dass er dieses Versprechen nun als Papst einhalten wolle, erkannte unser damaliger Abt Gregor den Kairos und nützte mehrmals die Gelegenheit, den Papst nach Heiligenkreuz einzuladen. Noch vor dem österreichischen Papstbesuch wurde unsere Hochschule, die unter der Leitung von Rektor Prof. P. Dr. Karl Wallner erstaunlich erstarkt war, am 28. Januar 2007 zu einer Anstalt päpstlichen Rechtes durch Papst Benedikt XVI. erhoben. Aus diesem Anlass bat Abt Gregor darum, ihr den Namen „Phil.-Theol. Hochschule Benedikt XVI. Heiligenkreuz" zu geben. Diese Namensgebung ist für die Hochschule seither Programm: Enge Verbindung zum päpstlichen Lehramt unter der Prämisse: *Cum Petro et sub Petro*; Bereitschaft, das spezifisch „Benediktinische" unserer Berufung: *Christo omnino nihil praeponant* – „Christus sollen sie überhaupt nichts vorziehen"[8] zu wahren wie auch der theologischen Forschung verpflichtet zu sein.

8 RB 72,11.

Es kam die große Überraschung: Am 7. März 2007 teilte der Nuntius in Österreich, Erzbischof Edmond Farhad, dem Abt mit, dass Papst Benedikt gerne nach Heiligenkreuz kommen werde. In Windeseile verbreitete sich diese frohe Nachricht und löste die entsprechenden Vorbereitungen aus. So kam der 9. September 2007: Der ORF bezeichnete auf seiner Homepage diese Begegnung in Heiligenkreuz als den „heimlichen Höhepunkt der Visite“[9] in Österreich und tatsächlich hat sich dieses Ereignis tief in die Herzen der Menschen eingeschrieben. Die Worte, die der Heilige Vater an uns richtete, sollten wir, wie Dr. Hubert Luthe, der anwesende Altbischof von Essen und Freund des Papstes, es formulierte, in goldene Lettern gießen:

> *„Jeder Mensch trägt im Innersten seines Herzens die Sehnsucht nach der letzten Erfüllung, nach dem höchsten Glück, also letztlich nach Gott, sei es bewusst oder unbewusst. Ein Kloster, in dem sich die Gemeinschaft täglich mehrmals zum Gotteslob versammelt, bezeugt, dass diese urmenschliche Sehnsucht nicht ins Leere geht.“*[10]

Und in Bezug auf die Hochschule sagte er unter anderem:

> *„So wichtig die Integration der theologischen Disziplin in die „universitas“ des Wissens durch die Katholisch-Theologischen Fakultäten an den staatlichen Universitäten ist, ist es doch ebenso wichtig, dass es so profilierte Studienorte wie den Euren gibt, wo eine vertiefte Verbindung von wissenschaftlicher Theologie und gelebter Spiritualität möglich ist.“*[11]

In der Verbindung von Wissenschaft und Gottverlangen wurde ich im Jahr 2009 in den „Neuen Schülerkreis Joseph Ratzinger / Papst Benedikt XVI.“ berufen. Als ich im April 2011, während meiner Exerzitien für die Abtweihe, vom Vatikan einen Anruf erhielt, ich solle einer der ersten Preisträger des *Premio Ratzinger* werden, war ich völlig überrascht. Ich sah darin weniger eine Auszeichnung für meine bisherige theologische Arbeit, sondern vielmehr eine Ehrung einer sich der kirchlichen Lehre verpflichteten Theologie in Heiligenkreuz, die sich nicht in sich selbst verschließt, sondern aus Schrift und Tradition schöpft, um die Rede von Gott auch in unserer Zeit nicht verstummen zu lassen und zeitgemäße Antworten auf Fragen und Probleme der gegenwärtigen Zeit zu geben.

---

9 ORF.at, News, *„Wahrhaft klösterreich“*, https://newsv1.orf.at/070909-16399/?href=-https%3A%2F%2Fnewsv1.orf.at%2F070909-16399%2F16395txt_story.html(24.2.2023)

10 Benedikt XVI., *In visitatione Abbatiae „Heiligenkreuz“, die 9 Septembris 2007,* in: AAS 99 (2007: 10) 853–858, hier: 854.

11 Ebd., 856.

Im Jahr 2013 überraschte der unerwarteter Rücktritt des Heiligen Vaters die ganze Kirche, obwohl er diesen schon im Interview „Licht der Welt“ mit Peter Seewald[12] anklingen hatte lassen. Papst Benedikt selbst wünschte noch, den Grundstein für den projektierten Ausbau unserer Hochschule zu segnen. Dafür wählte er bezeichnend die letzte Privataudienz am 27. Februar 2013 in der Sala Clementina. Unmittelbar zuvor durfte ich gemeinsam mit P. Karl und P. Anton Lässer und zusammen mit einer Abordnung der Hochschule mit ca. 300.000 Pilgern seine letzte Generalaudienz miterleben. In der anschließenden Begegnung mit dem Pontifex fragte er wie immer nach den Mitbrüdern und der Hochschule und freute sich über die steigende Zahl der Berufungen und der Studierenden. Er las aufmerksam die Inschrift des Grundsteins, ein von unserem P. Walter Ludwig OCist gestaltetes Chronogramm, das testamentarischen Charakter bekommen sollte:

> „**M**aneant **I**n **V**ob**I**s obe**DI**ent**I**a et sap**I**ent**I**a f**ID**es et rat**I**o“ –
>
> *„Mögen in Euch Gehorsam und Weisheit, Glaube und Vernunft bleiben“.*

Das Chronogramm ergibt das Jahr 2013, ein Jahr, das nicht nur das Datum der Grundsteinlegung bezeichnen sollte, sondern auch den historischen Rücktritt von Benedikt XVI.

Damit die Namensgebung erlebbar und anfassbar wird, bat unser Altabt Gregor auf meine Bitte hin bei seinem Besuch im Kloster Mater Ecclesiae den emeritierten Papst um die Erlaubnis, eine Skulptur von ihm durch unseren Künstlermönch P. Raphael Statt OCist anfertigen zu lassen. Mit seinem typischen bayerischen Humor antwortete der Papa emerito: „Ja, muass denn des sei!“ und Abt Gregor bekräftigte noch einmal die Sinnhaftigkeit eines solchen Symbols. Bei der Enthüllung der Statue durch Erzbischof Georg Gänswein sagte dieser: „Heiligenkreuz und Benedikt XVI. – das ist eine Liebesgeschichte, die tiefe Wurzeln hat und viele Früchte trägt“[13].

Fast jährlich hatten wir die Freude, unseren Papa emerito in seinem Klösterchen zu besuchen. Einen der letzten Besuche machten der damalige Rektor unserer Hochschule, Prof. P. Dr. Wolfgang Buchmüller OCist und der Direktor des Überdiözesanen Priesterseminars Leopoldinum, Mag. Martin Leitner. Wie ein geistliches Vermächtnis flüsterte der vom Alter gezeichnete Benedikt XVI.: „Die Theologie muss wieder eine Rede von Gott darstellen. Eine Rede mit Gott sein. Inspiriert vom Geist Gottes“[14].

---

12 Vgl. Benedikt XVI., *Licht der Welt. Der Papst, die Kirche und Zeichen der Zeit. Ein Gespräch mit Peter Seewald,* in: JRGS 13/2, 839–985, hier: 868.

13 https://www.erzdioezese-wien.at/site/home/nachrichten/article/45554.html (18.2.2023).

14 https://www.youtube.com/watch?v=30b1qGnmWAY (18.2.2023)

Zu Weihnachten 2022 bestellte er uns noch persönliche Grüße durch einen priesterlichen Freund. Wir erfuhren, dass sein nahendes Scheiden sich schon ankündigte. Als uns am Silvestertag die traurige Nachricht erreichte, läuteten wir das halbstündige monastische Trauergeläute von Heiligenkreuz. Sofort organisierte ich zusammen mit P. Karl als Missio-Nationaldirektor von Österreich und P. Wolfgang als Rektor unserer Hochschule den Flug nach Rom. Schon am Vortag des Begräbnisses reihten wir uns in große Schar der Trauernden ein und durften in St. Peter längere Zeit direkt beim aufgebahrten Leichnam betend verharren. Es war für uns bewegend, zusammen mit Papst Franziskus, den Kardinälen und Bischöfen, einer riesigen Anzahl von Priestern und Ordensleuten das Requiem für Benedikt XVI. mitzufeiern. Die Worte von Papst Franziskus am Ende seiner Predigt: „Benedikt, Du treuer Freund des Bräutigams, möge deine Freude vollkommen sein, wenn du seine Stimme endgültig und für immer hörst!“ – sind wie der Schlussakkord einer großen Symphonie des Glaubens, der Hoffnung und der Liebe, wo Benedikts XVI. demütige Stimme das Leitmotiv seines Lebens und Sterbens immerfort wiederholt:

„Signore ti amo! – Herr, ich liebe Dich!“ [15]

Abb. 4: Enthüllung der Statue von Papst Benedikt mit Erzbischof Georg Gänswein im Jahr 2015

15 https://www.vaticannews.va/de/papst/news/2023-01/benedikt-xvi-letzte-worte-herr-ich-liebe-dich.html (24.2.2023)

1. Teil: Chronik

Jahreschronik 2022

P. Roman Nägele OCist

Einkleidung, Professen, Weihen

Abb. 5: Die 5 Novizen des Jahres 2022/23 mit Novizenmeister P. Meinrad

Seit dem 14. August 2021 waren Fr. Kanzian David Kraševec OCist, Fr. Wilhelm Willy Mauser OCist, Fr. Melchisedek David Langhammer OCist, Fr. Christoph Benedikt Seemann OCist und Fr. Clemens Maria Johannes Spranger OCist im Noviziat, betreut von P. Meinrad Tomann OCist und P. Aloysius Zierl OCist. Sie legten am Hochfest des hl. Bernhard, dem 20. August 2022, in die Hände des Hochwürdigsten Herrn Abtes im Kapitelsaal des Stiftes die Zeitliche Profess ab.

Unser Fr. Benjamin Pušnik OCist verlängerte seine Einfache Profess.

Am 23. August 2022 legten im Zisterzienserkloster „Stella Maris" in Sri Lanka Fr. Vianney Fernando OCist und Fr. Joseph Fernando OCist ihre zeitlichen Gelübde ab, am 1. November folgten Fr. Augustine Mendis OCist und Fr. Francis Perera OCist. Wir wünschen dieser zisterziensischen Gemeinschaft weiterhin viel Segen und Wachstum.

Abb. 6: Einkleidung von Fr. Willibald und Professerneuerung Fr. Benjamin

Die Feierliche Profess legten P. *Leo Héctor De Andrés Brunete OCist, P. Eugenius Felix Lersch OCist und P. Niklaus Lukas Schneider OCist am 15. August 2022 ab.* Am Sonntag, dem 6. November 2022 wurden diese drei Mitbrüder durch Handauflegung und Gebet von Sr. Exz. Weihbischof Franz Scharl zu Diakonen geweiht.

Abb. 7: Feierliche Profess der Patres Eugenius, Leo und Niklaus

Die Noviziatsaufnahme war am 14. August 2022. Tobias Hoffmann aus Nürnberg in Bayern wurde mit dem Namen Fr. Willibald ins Noviziat aufgenommen.

Am 30. Jänner 2022 wurde P. Leopold Schwaller OCist durch Handauflegung und Gebet von Sr. Exz. Erzbischof Dr. Pedro López Quintana, dem Apostolischen Nuntius in Österreich, zum Diakon geweiht.

Abb. 8: Diakonenweihe P. Leopold

Am Samstag, dem 10. September 2022, weihte in der Stiftskirche Se. Exz. Erzbischof Franz Lackner unsere Mitbrüder P. Emmanuel Heißenberger OCist und P. Leopold Schwaller OCist in der Stiftskirche in Heiligenkreuz zu Priestern.

Abb. 9: Priesterweihe von P. Emmanuel und P. Leopold

Jubiläen und Ehrungen

Unser P. Gabriel Chumacera OCist konnte am 23. Jänner 2022 seinen 50. Geburtstag feiern. Die Gemeinschaft, die Pfarre und die Gemeinde Podersdorf gratulierten herzlich.

Abb. 10: P. Gabriel feiert seinen 50. Geburtstag, hier mit Bürgermeisterin Frau Michaela Wohlfahrt und Abt Maximilian

Frau Gertrud Richter, die Gattin von Prof. Werner Richter, hat am 8. März 2022 gemeinsam mit ihrer Familie, Abt Maximilian und Bürgermeister Franz Winter ihren 100. Geburtstag gefeiert. Am 5. Oktober 2022 ist Frau Gertrud Richter im Kreis ihrer Lieben verstorben.

P. Benedikt Stary OCist wurde am 29. Juni 1972 zum Priester geweiht. Sein Goldenes Priesterjubiläum feierte er mit dem Konvent und vielen Freunden und Bekannten am Montag, dem 4. Juli 2022.

50 Jahre Priester (1972–2022)

P. Benedikt Stary OCist

Abb. 11: Festgottesdienst für P. Benedikt

Am Montag, 4. Juli 2022, wurde in Heiligenkreuz zunächst in der Stiftskirche und dann anschließend im inneren Stiftshof meines Goldenen Priesterjubiläums gedacht.

Zahlreich war die Anteilnahme unseres hiesigen Konvents; auch manche Weltpriester von auswärts und viele Verwandte, Freunde, Bekannte, wie auch Schutzanempfohlene aus all meinen Seelsorgetätigkeiten waren gekommen.

Wo war ich denn überall Seelsorger gewesen? Zunächst, 1971, gleichsam als Ouverture zu meiner neuen und entscheidenden Lebenssituation als Priester, war ich Diakon in Wien – Neusimmering und Religionslehrer in Wien – Währing. Nach meiner Priesterweihe 1972 wirkte ich als weltlicher Neupriester bis 1974 in der Pfarre Hausleiten – St. Agatha am Wagram nahe Stockerau.

Von 1974–1979 hatte ich als Heiligenkreuzer verschiedene Seelsorgearbeiten in der Pfarre Heiligenkreuz, etwa als Kinder- und Jugendseelsorger, als Kaplan und Helfer des Pfarrers, als Kirchenrektor von Siegenfeld und Religionslehrer in Gaaden, Sittendorf und Heiligenkreuz.

Darauf folgte ein Viertel Jahrhundert lang (1979–2004) meine Pfarrertätigkeit in der Stiftspfarre St. Lorenzen am Steinfeld. Schließlich wurde ich in die Wallfahrtspfarre Maria Raisenmarkt nahe dem Stift versetzt und bemühte mich von 2004–2017 als Pfarrer ebendort.

Ab 2017 hat mich nun der aktive Ruhestand ereilt. Nun obliegen mir verschiedene Tätigkeiten im Stift, wie zuerst einmal Messelesen in der Krankenkapelle; das Beichthören; und in Klausen – Leopoldsdorf dem dortigen Pfarrer als Aushilfemessleser zur Seite zu stehen.

Gemäß all dieser meiner Seelsorgetätigkeit hatte ich am 4. Juli 2022 bei der feierlichen Eucharistie (= Danksagung) als Herzensanliegen, unserem und meinem Hohenpriester und Guten Hirten JESUS CHRISTUS ein großes „Danke“ zu sagen. Viel Segensreiches, Schönes und auch Schweres, viel „Erfolg“ und manchen „noch verzögerten Erfolg“ gab es in diesen 50 Jahren.

Alles ist nun in JESU CHRISTI Hände gelegt.

Sehr, sehr dankbar bin ich meiner treuen Haushälterin und fleißigen, geschickten Helferin in der Seelsorge etwa vier Jahrzehnte lang: nämlich Maria Fritz. Ab 2017 erstand für uns ja eine neue Situation, aber die alte, gute gegenseitige Verbundenheit besteht weiter und ist weiterhin von nicht geringer Bedeutung.

Am 29. Juni 1972 war meine Priesterweihe im Wiener Stephansdom durch Franz Kardinal König. Als Kardinal König mir seine Hände auflegte und mich zum Priester weihte, blickte er mir im weiteren Verlauf der Weiheliturgie fest und bestimmend in die Augen und sagte folgende Worte, die mir bis heute lebendig im Gedächtnis sind: „Bedenke, was du tust – ahme nach, was du vollziehst – stelle dein Leben unter das Geheimnis des Kreuzes.“ Es fällt der Zusammenhang dieser Weisung vom Kreuz augenfällig mit meinem Eintritt in Heiligen – Kreuz auf. Und auch besonders bezüglich der täglichen heiligen Messe hat seine Weisung große Bedeutung.

Zwei Jahre später, 1974, klopfte ich im Stift Heiligenkreuz an und wurde herzlich aufgenommen.

Seit 48 Jahren also bin ich Priester und Mönch: Ich bin Ordenspriester im Stiftsbereich, wie auch etliche Mitbrüder von mir. Für uns Seelsorger ist unser Hoherpriester und Guter Hirt JESUS CHRISTUS sehr bedeutsam. Er geht dem verlorenen Schaf nach, bis er es findet. Und dann wird er, der Gute Hirte von uns Schafen, selbst zum Lamm, das sich freiwillig und still dem ihm auferlegten Tod anheimgibt. Seine barmherzige Liebe, die schon im Alten Testament zur Sprache kommt, wird im Neuen Testament konkret Wirklichkeit: Er löscht den glimmenden Docht nicht aus, noch bricht er das geknickte Rohr.

Meine Bitte an ihn ist es, gemäß seiner barmherzigen Liebe auch künftig als Seelsorger tätig sein zu können.

Wie oft hat es sich bewahrheitet: An GOTTES Segen ist alles gelegen:

So kam ich bei meiner Dankfeier zum Goldenen Priesterjubiläum aus dem Staunen nicht heraus; es hatte sich eine viel größere Schar eingefunden, die mit mir feierte und dankte, als ich erwartet hatte. Noch einmal wurde ich in die Mitte von vielen genommen, die nicht sparten mit Glückwünschen und reichen Gaben. Es wurde eine große Dankbarkeit und eine bleibende Verbundenheit spürbar: Es war sehr schön.

Nach dem Dankgottesdienst in der Abteikirche war dann eine wohlvorbereitete Kaffeejause im inneren Stiftshof. Jenes Bläserquartett aus St. Lorenzen, das auch den Kirchengesang getragen hatte, spielte zum fröhlichen Beisammensein munter auf. Viele Fotos wurden geschossen. Die vorgeplante Zeit für dieses Zusammensein wurde weit überschritten. Nur zögernd verabschiedete man sich schließlich.

Ich kann nur GOTT, meinen Äbten und Mitbrüdern von Heiligenkreuz und allen Beteiligten und Gekommenen aus fröhlichem Herzen „Danke" sagen.

KR P. Benedikt Heinrich Stary OCist

Abb. 12: Goldenes Priesterjubiläum von P. Benedikt

Im Juli konnten unsere Mitbrüder P. Amadeus Hörschläger OCist und P. Meinrad Tomann OCist runde Geburtstage feiern. P. Amadeus gratulierten wir zu 75 Lebensjahren und P. Meinrad zu 65 Lebensjahren.

Abb. 13: Die Jubilare P. Amadeus und P. Meinrad

Dank für 40 Priesterjahre!

Am 1. August 1982 ist Abt em. Gregor Henckel-Donnersmarck von Bischof em. Maximilian Aichern OSB zum Priester geweiht worden. Genau 40 Jahre später feierten wir gemeinsam mit ihm eine Dank- und Festmesse in der Stiftskirche. Viele Familienangehörige, Freunde, Weggefährten und Mitbrüder kamen zum 40. Jahrestag seiner Priesterweihe am **1. August 2022** in die Stiftskirche. Zu diesem Anlass blickt Altabt Gregor gemeinsam mit P. Dominicus Trojahn OCist auf die vergangenen 4 Jahrzehnte zurück. 40 Jahre im Dienst des Herrn:

Abb. 14: Altabt Gregor ist 40 Jahre Priester

Am Gedenktag des heiligen Maximilian Kolbe, dem 14. August, hat P. Prior Johannes Paul Chavanne OCist unserem Hochwürdigsten Herrn Abt Maximilian im Salon der Prälatur zum Namenstag gratuliert und ihm für seinen Dienst an unserer Gemeinschaft herzlichst gedankt.

Die Priesterweihe von Abt em. Gerhard Hradil war am 23. November 1952. Aus diesem Anlass gratulierten Abt und Konvent zum Gnadenjubiläum. Am Mittwoch, dem 23. November 2022, waren es also 70 Jahre, dass unser Abt em. Gerhard Hradil zum Priester geweiht wurde. Gemeinsam haben wir sein „Gnadenjubiläum" gefeiert und ihm für sein treues Zeugnis gedankt.

Abb. 15: Altabt Gerhard

Am 10. Oktober dieses Jahres feierte P. Benedikt Stary OCist seinen 75. Geburtstag.

Im November nahm Abtpräses Maximilian Heim OCist in den Albaner Bergen am Generalkapitel des Zisterzienserordens teil.

Abb. 16: v.l.n.r.: Äbtissin Benedicta Gurschler – Mariengarten, Generalabt Mauro-Giuseppe Lepori und Abt Maximilian Heim

Eine Delegation unter Leitung von Abt Maximilian hat auf Einladung des Diözesanbischofs von Bozen-Brixen die aufgelassene Frauenabtei Säben in Südtirol besucht. Bei diesem Besuch entstand das Foto mit der letzten Äbtissin Maria Ancilla Hohenegger von Säben vor ihrem Portrait.

Abb. 17: Äbtissin Maria Ancilla Hohenegger neben ihrem Portrait von Sr. Basilia Gürth

Religiöse Feiern

Wir weihen uns dem Unbefleckten Herz Mariens

Papst Franziskus bittet mit folgenden Worten die Ordensgemeinschaften, sich an der Weihe Russlands und der Ukraine an das Unbefleckte Herz Mariens am 25. März 2022 zu beteiligen: „Ich lade alle Gemeinschaften und alle Gläubigen ein, mit mir am Freitag, dem 25. März, dem Hochfest der Verkündigung, einen feierlichen Akt der Weihe der Menschheit, insbesondere Russlands und der Ukraine, an das Unbefleckte Herz Mariens zu vollziehen, damit sie, die Königin des Friedens, der Welt den Frieden bringt." Abt Maximilian dazu: „Wir folgen dem Aufruf von Papst Franziskus und weihen uns, unser Stift mit den Prioraten, Pfarren, der Hochschule und dem Kloster Stella Maris in Sri Lanka wie mit allen, die mit uns verbunden sind, einschließlich der Österreichischen Zisterzienserkongregation der Muttergottes. Hierzu haben wir uns am Freitag, dem 25. März, ab 17 Uhr live mit dem Heiligen Vater über die Medien und vor allem im Gebet verbunden. Unser besonderes Gebet gilt den Menschen in der Ukraine und in Russland."

Eine Gnadenstunde – die heilige Therese von Lisieux zu Besuch

Es war eine besondere Gnade: Am Freitag, dem 3. Juni 2022 war der kostbare Schrein mit den Reliquien der heiligen Kirchenlehrerin Therese von Lisieux († 1897), der Patronin der Weltmission, bei uns im Stift Heiligenkreuz zu Gast. Viele Menschen sind gekommen um mit uns um die Fürsprache der heiligen Therese zu bitten. Besonders bewegend war die Jugendvigil an diesem Tag!

Abb. 18: Gottesdienst mit dem Reliquienschrein der hl. Theresia von Lisieux

Schöne Begegnungen bei der „Langen Nacht der Kirchen“

Am Freitag war in Wien, in anderen Städten und Dörfern die ‚Lange Nacht der Kirchen‘ am 10. Juni 2022. Offene Kirchen laden die Menschen ein, diese zu entdecken und sich auch neu für den Glauben zu öffnen. In der Bernardikapelle des Heiligenkreuzerhofes in Wien standen einige Mitbrüder aus unserem Konvent für Besucher und Interessierte zur Information bereit. Die Vesper und die Komplet wurde dort gebetet, es gab Klosterprodukte zu kaufen, es wurden Texte des heiligen Bernhard gelesen, Führungen durch die hochbarocke Kapelle gehalten und vor allem gab es sehr viele schöne und herzliche Begegnungen.

Abb. 19: Lange Nacht der Kirchen in der Bernardikapelle des Heiligenkreuzerhofs

In der Bernardikapelle des Heiligenkreuzerhofes feiert Kirchenrektor P. Sebaldus Mair OCist am 20. jedes Monats die hl. Messe.

Zisterziensertag bei uns im Stift Heiligenkreuz

Am Dienstag, dem 7. Juni. 2022 fand nach längerer Coronapause wieder einmal ein Österreichischer Zisterziensertag statt. Mönche und Nonnen aus den Stiften Lilienfeld, Rein, Zwettl, Schlierbach und Wilhering, aus Hohenfurt in Tschechien und aus Marienkron und Marienfeld, sowie aus der Zisterzienserinnenabtei Regina Mundi in Ungarn und Trappisten aus Engelszell waren zu Besuch. Es gab eine Feier der heiligen Messe, Gebet, Führungen, gemeinsames Mittagessen und frohen Austausch und Gemeinschaft

Große Lichterprozession zur Heiligenkreuzer Lourdesgrotte

Am Sonntag, dem 14. August 2022, dem Vorabend zu Mariä Himmelfahrt, fand die schon zur Tradition gewordene große Lichterprozession zur Lourdesgrotte statt. Die Predigt hielt unser neuer Prior P. Dr. Johannes Paul Chavanne OCist.

Konventexerzitien

Die Konventexerzitien vom 15. August bis zum 19. August 2022 wurden von unserem Familiar Pfarrer Winfried Abel geleitet.

Das Babenbergerkreuz erinnert an die Verbindung zwischen Heiligenkreuz und Trumau

Am Sonntag, dem 21. August 2022, wurde in Trumau ein alter Bildstock von Abt Maximilian und dem Trumauer Pfarrer Pater Dr. Pio Suchentrunk OCist gesegnet. Das Babenbergerkreuz, das an die Verbindung zwischen Trumau und Heiligenkreuz seit den Tagen von Markgraf Leopold III., Otto von Freising und Markgraf Leopold IV. erinnert, wurde von der Gemeinde Trumau restauriert. Bürgermeister Andreas Kollross und Vizebürgermeisterin Sabina Stock freuen sich mit vielen Trumauern Bürgern über das restaurierte Marterl und das gute Verhältnis zum Stift.

Kreuzerhöhungssonntag im Stift

Der Kreuzerhöhungssonntag ist jedes Jahr eines unserer Hauptfeste. Die Kreuzreliquie ist uns anvertraut, von ihr kommt ja auch unser Name: Heiligen-Kreuz. Wir sind Freunde des Kreuzes und Zeugen des Kreuzes. In diesem Jahr hatten wir besondere Ehrengäste: Dompropst Jószeph Brenner, der leibliche Bruder des seligen P. Anasztáz Janos Brenner, hielt die Predigt. Abt Bernát Bérczi OCist von Zirc leitete die Prozession mit der Kreuzreliquie. Es waren in diesem Jahr mehr Menschen da, als vor Corona – eine Freude. Im Anschluss an die Feier wurde das neue Altarbild von Clemens Maria Fuchs mit den Darstellungen des seligen P. Anasztáz Janos Brenner und der seligen Maria Gabriella Sagheddu gesegnet. Im Rahmen dieses festlichen Wochenendes war am Vortag von Dompropst Jószeph Brenner das neu errichtete Janós Brenner Haus, Studentenwohnheim der Hochschule, benediziert worden. Das Stift Heiligenkreuz hat zu Ehren dieser beiden Seligen jeweils eine personalisierte Briefmarke bei der Österreichischen Post AG bestellt.

Festakademie Pauline Marie Jaricot

Am 3. November 2022 fand an der Philosophisch-Theologischen Hochschule Benedikt XVI. gemeinsam mit dem Päpstlichen Missionswerk unter dem Titel „Eine mutige Frau – Die selige Pauline Marie Jaricot (1799–1862) statt. Die heilige Messe in der Stiftskirche zelebrierte Kurienerzbischof Giampietro Dal Toso.

Abb. 19a: Kurienerzbischof Giampietro Dal Toso mit Referenten der Festakademie

Weitere Veranstaltungen

Zum ersten Mal wurde in Heiligenkreuz ein Carillon-Symposium gehalten. (Bericht im Abschnitt Musik)

Die 8. Internationale Musikakademie Ferdinand Rebay wurde mit einem beachtlichen Konzert am Samstag, dem 3. September 2022, im Kaisersaal beendet.

Die Musikkapelle Heiligenkreuz hat am 13. September 2022 in der Stiftskirche ein erfolgreiches, vielbeachtetes Kirchenkonzert gegeben.

Der Österreichische Philatelistenverein St. Gabriel konnte am Samstag, dem 17. September 2022, eine Sonderbriefmarke der Reihe Sakrale Kunst der Österreichischen Post AG präsentieren. (Bericht siehe Abschnitt Kunst)

Am Österreichischen Nationalfeiertag, dem 26. Oktober 2022, wurden am Nachmittag um 15.00 Uhr im Kaisersaal Einblicke in Sammlungen gegeben.

Unser traditioneller Adventklostermarkt wurde am Samstag, dem 10. Dezember 2022, durchgeführt.

Ernennungen

Abt Maximilian wieder zum Abtpräses der Österreichischen Zisterzienserkongregation gewählt

Beim Kapitel der Österreichischen Zisterzienserkongregation am 7. Juni 2022 wurde unser Abt Maximilian Heim OCist zum zweiten Mal in Folge zum Abtpräses der Kongregation gewählt. Sein erster Assistent wurde Abt Reinhold Dessl OCist vom Stift Wilhering, sein Substitut Abt Nikolaus Thiel OCist vom Stift Schlierbach.

Vor der Karwoche übernahm P. Meinrad Tomann OCist als neuer Pfarrer von Mönchhof die dortige Seelsorge.

P. Dr. Johannes Paul Chavanne OCist wird Mitte Mai zum neuen Prior ernannt.

P. Tarcisius Sztubitz OCist übernimmt das Amt des Novizenmeisters.

Abb. 20: Der neue Novizenmeister P. Tarcisius mit seinen fünf Novizen und Domprobst József Brenner, dem Bruder des Seligen P. Anastasz János Brenner OCist, vor deren Elternhaus in Szombathely /Steinamanger.

P. Laurentius Mayer OCist. wird Seelsorger im Seelsorgeraum Schwarzatal und wohnt im Pfarrhof von St. Valentin.

P. Dominicus Trojahn wird Superior von Marienberg und Pfarrer der Pfarre Klostermarienberg

P. Sebaldus Mair übernimmt das Amt des Kirchenrektors der Bernardikapelle im Heiligenkreuzerhof Wien.

Im Rahmen vom ‚Fest des Dankes' wurden am 8. Dezember 2022 Prof. Dr. Wolfgang Klausnitzer und Msgr. Dr. Rupert Stadler zu Familiaren des Zisterzienserordens ernannt und dem scheidenden Rektor unserer Hochschule Prof. P. Dr. Wolfgang Buchmüller OCist für seinen aufopferungsvollen Dienst gedankt.

Abb. 20a: Auf die Bitte unseres kurz darauf verstorbenen P. Albert Urban OCist ermöglichten wir einen Besuch in Szombathely und in Regina Mundi. Hier zusammen mit unserem langjährigen Infirmar P. Tobias und dem Prior des Neuklosters P. Michael.

Besucher

Se. Exz. Bischof Wolfgang Ipolt hielt an der Hochschule einen Vortrag über „Die Beichte – Gottes Liebesgeschenk“ und feierte am 4. April 2022 um 18.00 Uhr die sogenannte „Montagsmesse“ in der Katharinenkapelle.

Zur großen Freude unseres Hauses hielt am 16. Mai 2022 Landeshauptfrau Johanna Mikl-Leitner das Bürgermeistertreffen des Landes Niederösterreich in Heiligenkreuz ab. Ihr zur Ehre wurde mit dem Carillon die Niederösterreichische Landeshymne intoniert.

Der slowenischen Botschafter, Se. Exz. Aleksander Geržina, besuchte uns im August, um den Codex 250 aus unserer Handschriftenkammer zu sehen. Einer der ersten schriftlichen Belege der Ziffern oder Ordnungszahlen in slowenischer Sprache findet sich darin. In dieser Frage entwickelt sich ein wissenschaftlicher Disput.

Abb. 21: Besuch des slowenischen Botschafters mit Besichtigung der Handschrift

Zu einem vorweihnachtlichen Besuch war die Gemahlin des Präsidenten der Republik Zypern, I. Exz. Andri Anastasiades, bei uns im Stift Heiligenkreuz. Sie wurde begleitet vom Erzpriester des ökumenischen Thrones Pater Ioannis Nikolitsis. Bewegend war für uns, mit welch großer Andacht Frau Anastasiades, die der griechisch-orthodoxen Kirche angehört, die Kreuzreliquie verehrt hat.

Am 4. November 2022 besuchte uns eine Delegation von Äbten und Patres der Zisterzienserkongregation Von der Heiligen Familie aus Vietnam.

Kurz vor Weihnachten machte das Schulamt der Erzdiözese Wien seinen jährlichen Betriebsausflug nach Heiligenkreuz.

Im Zisterzienserkloster Maria Friedenshort in Neuzelle besuchte am 6. Oktober 2022 Se. Exz. Nuntius Erzbischof Dr. Nikola Eterović, Apostolischer Nuntius in der Bundesrepublik Deutschland, den Bauplatz für das neue Kloster. Seine Segens- und Glückwünsche sind im Abschnitt Spirituelles/Predigten zu finden.

Abb. 22: Nuntius Eterović besichtigt die Baustelle

Todesfälle

Es verstarben in diesem Jahr:

Weihbischof Franz Grave Diözese Essen

Am 19. Februar 2022 verstarb Weihbischof em. Franz Grave im Alter von 89 Jahren. Weihbischof Grave war vor allem mit dem Priorat Stiepel von Anfang an eng verbunden. Im Kondolenzbuch hat Abt Maximilian seine Anteilnahme ausgedrückt und geschrieben: „Weihbischof Franz Grave war ein Mann der ersten Stunde für das Kloster Stiepel, damals noch als Pastoralamtsleiter des Ruhrbistums. Er hat Bischof Franz Hengsbach bei seinen Besuchen in Heiligenkreuz begleitet und blieb uns herzlich verbunden. Er war ein guter Hirte mit kritischem Weitblick und mit einem Herzen für die Menschen im Ruhrgebiet wie in Lateinamerika."

Am 22. Juli 2022 verstarb in Fraxern/Vorarlberg Herr Elmar Nägele, P. Romans Vater. Das Requiem und die Beisetzung wurden von Abt Maximilian geleitet. Auch P. Markus Gebhard Stark OCist und P. Cassian Reinert OCist standen der Familie bei.

Abb. 23: Begräbnis von Elmar Nägele: P. Markus Gebhard, P. Roman und seine Mutter, P. Cassian

Nuntius Erzbischof Peter Stephan Zurbriggen

Am 28. August verstarb der ehemalige Apostolische Nuntius in Österreich, Se. Exz. Erzbischof Peter Stephan Zurbriggen in seinem Schweizer Heimatort Brig. Nuntius Zurbriggen war von 2009–2018 in Österreich akkreditiert und in dieser Zeit immer wieder bei uns im Stift Heiligenkreuz. Unter anderem war er es, der die Heiligenkreuzer Lourdesgrotte gesegnet hat.

Abb. 23a: Nuntius Erzbischof Zurbriggen bei der Einweihung der Lourdes-Grotte in Heiligenkreuz.

Etwa ein halbes Jahr nach ihrem 100. Geburtstag, am 5. Oktober 2022, ist Frau Gertrud Richter im Kreis ihrer Lieben verstorben.

Abt em. Dr. Kassian Lauterer OCist – Abtei Mehrerau am 19. Oktober 2022

Papst em. Benedikt XVI. verstarb im Vatikan am 31. Dezember 2022. Der Nachruf findet sich am Beginn dieser Ausgabe.

Familiar Klaus Beckmann am 21. Mai 2022

P. Albert Urban OCist am 20. Juni 2022

KR P. Petrus Hübner OCist am 28. Oktober 2022

Dieser Verstorbenen gedenken wir im Abschnitt „In Memoriam …“ .

2. Teil: Offizien

Die vielseitige Jugendseelsorge im Stift Heiligenkreuz

Fr. Wilhelm Mauser OCist

Die von Pater Sebaldus stets hingebungsvoll organisierte Heiligenkreuzer Jugendvigil ist im ganzen Land bekannt. Nicht selten kommen Gäste aus Oberösterreich oder der Steiermark, manchmal sogar aus Tschechien. Dank der wachsenden ukrainischen Community – bestehend aus griechisch-katholischen und orthodoxen Christen –, die in immer größerer Zahl zu uns zur Jugendvigil kommt, wird man womöglich bald an den Grenzen Europas davon sprechen. Aber die Heiligenkreuzer Jugendseelsorge hat weit mehr zu bieten als die JuVi.

Diese wird umrahmt von der JugendvigilPLUS, einem Angebot, das wesentlich von Jugendlichen für Jugendliche durchgeführt wird und sich an all jene richtet, die Interesse an einer Fortführung und Vertiefung der Jugendvigil haben. Am Herz-Jesu-Freitag, dem traditionellen Tag der Jugendvigil, geht es um 18 Uhr im Fitnessraum des Klosters los mit einer soliden Einheit Kraftsport, geleitet und betreut von Matthias Grasser und Gabriel Aigner. Anschließend gibt es dank dem großzügigen Gastmeister Pater Leopold für alle Hungrigen eine Jause – schließlich können die Muskeln ohne Proteine nicht ordentlich wachsen.

Abb. 24: Jugendvigil: Prozession mit Kreuzreliquie

Wer möchte und einen Schlafsack mitbringt, kann nach der Jugendvigil kostenlos in der Jugendherberge übernachten. Am nächsten Morgen geht es dann weiter mit Lobpreis, Bibelbetrachtung, Gesprächs- und Diskussionsrunden, Impulsen, die auch von Jugendlichen gehalten werden, einem selbst zubereiteten Snack, Spielen und natürlich eucharistischer Anbetung. Dank des vielseitigen Engagements einiger Jugendlicher wird es immer wieder ausgesprochen schön. Der Mittagschor mit dem anschließenden Mittagessen rundet die JugendvigilPLUS ab.

Ein weiterer Klassiker sind die Jugendtage, welche derzeit dreimal im Jahr vor Ostern, nämlich um Allerheiligen und über die Jahreswende stattfinden. Hier trifft sich eine bunt gemischte Gruppe junger Christen, die für drei Tage in Gemeinschaft ihre Beziehung zu Jesus vertiefen und eine schöne Zeit im Kloster erleben möchten.

Fast jedes Jahr können wir außerdem eine Großfahrt anbieten. Während es die letzten Male nach Medjugorje ging, fliegen wir im Jahr 2023 nach Lissabon zum Weltjugendtag. Die 50-köpfige Truppe, bestehend aus Studierenden unserer Hochschule und Jugendlichen aus der näheren und weiteren Umgebung, wird vom 28. Juli bis 7. August 2023 unterwegs sein. Neben einer Wallfahrt nach Fatima und einem Besuch am Meer wird der Festgottesdienst in Mafra, bei dem wir feierlich eine Reliquie des dort viel verehrten seligen Kaisers Karl überbringen dürfen,[16] einen Festtag für tausende (!) Gläubige und einen Höhepunkt unserer Reise darstellen.

Aber natürlich ist die Jugendseelsorge nicht nur in der Ferne, sondern auch und vor allem in der Nähe und vor Ort aktiv. Ein sehr geschätztes und besonders in den Sommermonaten häufig wahrgenommenes Angebot sind unsere zielgruppenorientierten und altersgerechten Kinder- und Jugendführungen. Jedes Jahr kommen zahlreiche Erstkommunion- und Firmgruppen sowie Schulklassen nach Heiligenkreuz, um für eine kurze Zeit in die faszinierende Welt eines neunhundert Jahre alten Klosters abzutauchen. Häufig findet im Anschluss an eine Führung auch noch ein Gespräch mit einem Mitbruder statt, bei welchem die Jugendlichen Fragen stellen können. Teilweise bleiben Firmgruppen auch über das Wochenende, um sich hier intensiv auf die Firmung vorzubereiten und von den zahlreichen Möglichkeiten des Klosters zu profitieren.

Ein besonderes Format stellen die von Wolfgang Seper, einem sehr engagierten und mit Heiligenkreuz eng verbundenen Lehrer der Volksschule St. Raphael

16 An dieser Stelle ist unserem Pater Marian, dem Präsidenten der Kaiser Karl Gebetsliga sowie der Studentin Uta Neufeld, die die Fahrt mit organisiert und für die Vorbereitung des Festgottesdienstes und der Sichtung der Unterkunft im Dezember extra nach Portugal gefahren ist, ein herzliches Vergelt's Gott auszusprechen.

(Maria Enzersdorf) eingeführten Lesenächte dar (Pater Amadeus ist dort der Schulseelsorger). Bei einer solchen kommt jeweils eine Schulklasse für mindestens einen Tag und eine Nacht nach Heiligenkreuz. Ein Schwerpunkt liegt dabei natürlich auf dem Thema Lesen. Dementsprechend stehen neben der Klosterführung je nach Möglichkeit ein Besuch der Kloster- und Hochschulbibliothek, des Chorgebetes, der Buchbinderei oder ein Gespräch mit einem der vielen Heiligenkreuzer Buchautoren auf dem Programm. Ergänzend können ein Besuch beim Glockenspiel, ein Match auf dem Fußballplatz, eine Fackelwanderung oder andere kreative Programmpunkte dazukommen. Diese Veranstaltungen sind bis jetzt bei Schülern und Lehrern durchweg überaus positiv angenommen worden. Ein Ausbau dieses Sektors der Jugendseelsorge ist in Arbeit.

Auch die Ministrantenarbeit wurde im Herbst vergangenen Jahres wieder aufgenommen. Seitdem trifft sich Frater Wilhelm jeden Donnerstag mit einer kleinen Gruppe von Kindern und Jugendlichen zu einer Ministrantenstunde. Dabei wird er von der Studentin Klara Reinisch und Pater Leo unterstützt. Zunächst gibt es einen katechetischen Teil, bei dem die Kinder das Ministrieren, die Bedeutung der Handlungen der Heiligen Messe, aber auch allgemein Jesus und die Heiligen besser kennenlernen. In einem zweiten Teil wird etwas gemeinsam gespielt, je nach Lust und Laune und Witterungsbedingungen drinnen oder draußen. Diese Ministrantenstunde ist offen für alle motivierten Kinder aus der Region. So kommt z.B. als Stammgast immer ein fröhlicher Ministrant aus Alland zu uns. Alle Interessierten sind herzlich willkommen!

Last but not least unterstützen einige junge Mitbrüder wie z.B. Frater Melchisedek oder Frater Samuel auch die Stiftspfarren beim Erstkommunionunterricht oder der Firmvorbereitung. Davon profitieren sowohl die Gemeinden, die einen weiteren zuverlässigen Helfer haben, die Kinder, die einen sympathischen, wirklich gläubigen jungen Menschen kennenlernen und die Mitbrüder, die dort wertvolle pastorale und menschliche Erfahrungen sammeln können. Verschiedene Studierende der Hochschule sind hierbei auch sehr engagiert. Für alle eine Win-Win-Situation.

Man könnte die Aufzählung durch viele spontane und sehr unterschiedliche Begegnungen fortführen, die sich beim Training mit Jugendlichen aus der Umgebung im Sportraum oder im Stiftshof ergeben oder über die verschiedenen Medienapostolate auf YouTube oder Instagram (Facebook nicht – das hat kaum noch ein Jugendlicher) schreiben. Aber man kann es auch bleiben lassen.

Ich hoffe es ist mir gelungen, Ihnen einen kurzweiligen Einblick in die lebendige Jugendarbeit von Heiligenkreuz zu geben.

Abb. 25: Jugendtage

Kleiner geschichtlicher Überblick über die klösterliche Krankenpflege

P. Tobias Westerthaler OCist

Vor allem die hohe Kunst der Heilkräuterkunde lebt bis heute in vielen Klöstern weiter und freut sich nach wie vor an großer Beliebtheit. Wenn wir in der Regel des heiligen Benedikt (um 480–547) das Kapitel über die kranken Brüder betrachten, erkennen wir, wie überaus wichtig dem Mönchsvater die Sorge um die Kranken gewesen ist: *„Die Sorge für die Kranken muss vor und über allem stehen."* (RB 36,1)

Der heilige Benedikt legte fest, dass für die Pflege der kranken Mitbrüder ein eigener Raum zur Verfügung gestellt werden sollte. Weiters wurde ein Mönch (Infirmarius) mit der Pflege der Kranken betraut. *„Die kranken Brüder sollen einen eigenen Raum haben und einen Pfleger, der Gott fürchtet und ihnen sorgfältig und eifrig dient."* (RB 36,7)

Mit diesen Richtlinien war sozusagen der Grundstein für die medizinische Versorgung der Menschen im Mittelalter gelegt. Die Mönche (und später auch Nonnen), für die die Ausübung der Krankenpflege ein Akt christlicher Nächstenliebe war, verfügten über eine umfangreiche heilkundliche Literatur auf der Grundlage der hippokratisch-galenischen Medizin[17] und erwarben sich mit der Zeit ein beträchtliches heilkundliches Wissen, das von Generation zu Generation weitergegeben wurde.

Durch den römischen Staatsmann und späteren Benediktinermönch Flavius Magnus Aurelius Cassiodorus (485–580) wurde die Klosterheilkunde stark gefördert. Mit etwa siebzig Jahren gründete er das Kloster Vivarium, dem er auch als Abt vorstand.

Unterstützt wurde diese Entwicklung später besonders auch durch Kaiser Karl den Großen (747–814), der sogar das Anlegen von Kräutergärten anordnete, sowie durch die Synode von Aachen (817), die den Ordensleuten die Betreuung der Kranken zuwies. Das sogenannte Mönchsärztetum erlebte dadurch seinen Höhepunkt, und es entstand auch vermehrt eine Reihe von Klosterspitälern. Gerade die Periode zwischen dem 8. und 12. Jahrhundert kann als die Hochblüte der klösterlichen Heilkunde angesehen werden. In dieser Zeit lag die Obhut der Kranken fast ausschließlich in den Händen der Ordensleute.

17 Galenos von Pergamon (geb. etwa 130, † zwischen 199 und 216 in Rom) gilt neben Hippokrates (ca. 460 v. Chr. bis ca. 370 v. Chr.) als einer der bedeutendsten Ärzte des Altertums.

Das „Lorscher Arzneibuch“ (795) ist eine direkte Frucht dieser Entwicklungen. Es ist die älteste erhaltene Schrift über die mittelalterliche Heilkunst. In diesem Buch finden wir auf 75 Kalbspergament-Seiten 482 Rezepturen sowie zahlreiche heilkundliche Ratschläge.

Der Reichenauer Abt Wahlafrid Strabo (808–849) wiederum war es, der das Gartenbuch „Hortulus“ verfasste. 24 verschiedene Heilkräuter und deren Heilwirkungen werden in diesem Werk beschrieben.

Unter der bekannten Ordensfrau Hildegard von Bingen (1098–1179) erreicht die Klosterheilkunde ihren Höhepunkt. Den beiden Werken „Physica“ und „Causae et curae“ (Ursachen und Behandlungen), die neben herkömmlichen Methoden auch viel neues, vor allem auch phythomedizinisches Wissen vermitteln, kommt dabei eine besondere heilkundliche Bedeutung zu.

Während des Hochmittelalters wurde die ärztliche Kunst bereits in Universitäten gelehrt. So wurde im 10. und 11. Jahrhundert in Salerno die erste medizinische Universität Europas gegründet. Danach folgten Bologna (11. Jh.), Montpellier (13. Jh.) und Paris (13. Jh.). Als direkte Folge davon wurden den Nonnen und Mönchen bereits im Konzil von Clermont (1130) medizinische Betätigungen untersagt. Als durch die Erfindung des Buchdruckes das medizinische Wissen auch für die Allgemeinheit zugänglicher wurde, verlor die klösterliche Heilkunst zusätzlich an Bedeutung.

Ganz aber konnte die moderne Schulmedizin die Klosterheilkunde nie verdrängen.

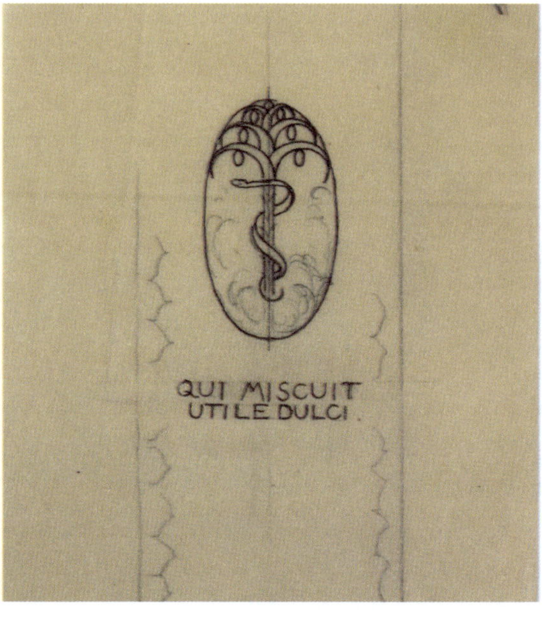

Abb. 26: Teschner: „QUI MISCUIT UTILE DULCI“

Die Infirmarie des Klosters Heiligenkreuz

Fr. Diego Maria Garcez OCist

Die Infirmarie (vom Lateinischen „*infirmus*" – kraftlos, schwach oder krank) ist im Mittelalter die Krankenstation, also ein eigener Raum zur Pflege kranker Mitbrüder, gewesen. Wir hier in Heiligenkreuz haben einen schlichten Krankentrakt, bestehend aus einzelnen Zellen, in denen unsere betagten Mitbrüder wohnen, dazu eine sogenannte „Krankenkapelle", in der täglich die Heilige Messe mit den kranken Mitbrüdern gefeiert wird, und zwei Lagerräume, in denen sämtliche für die Pflege der kranken Mitbrüder wichtigen Dinge aufbewahrt werden.

Im 36. Kapitel der Regel des hl. Benedikt, in dem es um die kranken Brüder – *De infirmis fratribus – geht, steht: Infirmorum cura ante omnia et super omnia adhibenda est, ut sicut revera Christo ita eis serviatur, quia ipse dixit: Infirmus fui et visitastis me* („Die Sorge für die Kranken muss vor und über allem stehen: Man soll ihnen so dienen, als wären sie wirklich Christus; hat er doch gesagt: ‚Ich war krank, und ihr habt mich besucht' (Mt 5,36)"). Somit ist der Dienst an den Kranken und Alten eine wichtige und gesegnete Arbeit in unserer Gemeinschaft, denn im Schwachen und Kranken dienen wir *revera* – wirklich – Christus.

Unser Infirmarsteam besteht aus unserem Infirmar Pater Tobias und zwei bis drei Mitbrüdern, die ihn als Mitarbeiter unterstützen. Wenn Not am Mann ist, z.B. bei einer großen Anzahl von Kranken, wird man auch durch andere Mitbrüder unterstützt, die kleinere Dienste übernehmen.

Etwas Wichtiges im Krankendienst ist die Erreichbarkeit des Infirmars. Da wir mitten in einer modernen Welt leben, kommunizieren wir oft über Mobiltelefon miteinander, um dem kranken oder betagten Mitbruder zügig helfen zu können. Das Hauptaugenmerk bei uns hier im Kloster liegt in der *caritas*, also in der Liebe, wie es auch der hl. Benedikt wünscht. Deshalb versuchen wir unsere Dienste, sei es bei der medizinischen Versorgung oder auch bei schweren Erkrankungen eines Mitbruders oder bei der Pflege eines Älteren, immer in Liebe und Geduld zu erfüllen, was nicht immer einfach ist und sehr herausfordernd sein kann.

Oft wird man von Gästen und Besuchern gefragt, was der Krankendienst bei uns in Heiligenkreuz alles umfasst. Da jeder Tag ein anderer ist, so variieren auch die Krankheiten und der Krankenstand des Konventes.

Unser Tag beginnt schon sehr früh, gegen 4.30 Uhr morgens, um einem Mitbruder schon vor dem ersten Gebet (der Vigil), die Kompressionsstrümpfe anzulegen und ihn beim Anziehen zu unterstützen. Nach der Hl. Messe, also gegen 7.20 Uhr, wird den Kranken ihr ausgewähltes Frühstück in die Zelle gebracht, und sie werden mit Medikamenten versorgt. Anschließend wird den betagten, pflegebedürftigen Mitbrüdern bei der Grund- und Körperpflege geholfen, die Nasszelle gereinigt, das Bett gemacht und andere Dienste verrichtet. Die Bestellung von Medikamenten und Medizin, die telefonische Vereinbarung von Terminen und Fahrdienste zur Apotheke oder zum Arzt gehören auch zur den alltäglichen Aufgaben.

Abb. 27: P. Augustinus wird gut betreut

In der Regel des hl. Benedikt (37,2) steht über die Senioren: *Consideretur semper in eis inbecillitas* („Immer achte man auf ihre Schwäche"). Zwar neigt der Mensch von Natur aus zur barmherzigen Rücksicht, wie Benedikt schreibt, aber hier geht deutlich hervor, dass wir immer auf die Schwäche der Alten schauen müssen. Aus diesem Grund begleiten wir z.B. unseren 94-jährigen Altabt Gerhard bei seinem täglichen Spaziergang im Garten oder auf seinen Laufwegen in der Klausur, gerade weil man ja in so einem hohen Alter schon deutlich schwächer und die Gefahr, schwer zu stürzen, sehr hoch ist.

Was ich immer wieder in unserer Gemeinschaft feststelle, ist, dass wir von unseren betagten, gebrechlichen Mitbrüdern vieles lernen können. Ich habe z.B. noch nie von einem Bruder ein Klagen, Jammern oder ein Murren gehört – obwohl dies bei schmerzhafter, nachlassender körperlicher oder geistiger Funktionsfähigkeit ganz menschlich und normal wäre -, sondern ein geduldiges Tragen der Schwäche und vor allem des Kreuzes, das für uns als Christen und Mönche ja von höchster Wichtigkeit ist. Somit sind Altabt Gerhard mit seinen 94 Jahren und auch P. Nivard mit seinem großen Humor große Vorbilder für mich und Zeugen des Älterwerdens im Kloster.

Dankbar sind wir für unseren neuen Defibrillator, der zwar im Krankentrakt angebracht worden ist, aber in Notfällen auch zügig zu unseren Hausgästen oder Besuchern im Stiftshof oder in Kirche gebracht werden kann. Für die Unterstützung unserer Pflegebedürftigen haben wir auch gewisse technische Geräte und andere Hilfsmittel parat.

Man kann wirklich sagen, dass der Krankendienst bei uns ein 24-Stunden-Dienst ist, denn auch spät in der Nacht kommt es vor, dass man durch einen Anruf aus dem Schlaf gerissen wird, weil es einem Mitbruder sehr schlecht geht oder er sogar ins Spital gebracht werden muss.

Eine Sache, die unseren Älteren auch Freude bereitet, ist, wenn wir sie in ihren Zellen besuchen und mit ihnen den Rosenkranz beten oder eine geistliche Lektüre für sie aufschlagen. Auch kurze Gespräche über ihr vergangenes Lebens im Kloster oder die Zukunft, die wir mit ihnen führen, bevor wir wieder unserer weiteren Arbeit nachgehen, bereiten uns Infirmaren Lächeln und Freude.

Ein christlicher Titel für unseren Herrn und König Jesus Christus ist *„Christus medicus"* (Christus der Arzt). Wie in der Hl. Schrift überliefert ist, heilt Jesus viele Krankheiten, sowohl körperliche wie auch seelische. Viele Menschen kamen zu ihm und baten um Heilung. Schon Kirchenväter wie Ignatius von Antiochien (+ 107), Origenes (185–254) oder der hl. Augustinus (354–430) schrieben über *„Christus, medicus noster"* (unser Arzt) oder *„medicus et salvator"* (Arzt und Retter). Jesus, der Arzt, heilt auch heute noch – vor allem durch die heiligen Sakramente – wegen seiner großen barmherzigen Liebe und seines kostbaren Blutes, das er für uns schwache und sündhafte Menschen am Kreuz vergossen hat.

Deshalb dürfen wir vertrauensvoll unseren Heiland und Retter bitten:

> *Herr Jesus Christus, du göttlicher Arzt: Heile unsere Kranken an Körper, Geist und Seele. Versiegele unser Kloster Heiligenkreuz durch dein kostbares Blut vor allen schweren Leiden, Krankheiten und Plagen, und vor den Mächten des Bösen. Amen.*

Abb. 27a: v.l.n.r.: P. Kosmas Thielmann OCist, P. Prior Simeon Wester OCist, Altabt Gerhard Hradil OCist, Abt Maximilian Heim OCist

3. Teil: Wirtschaftsbetriebe

Eine „Heiligenkreuzer Familiengeschichte" Die Ära Hohlagschwandtner

P. Aloysius Zierl OCist

Abb. 28: Das Ehepaar Hohlagschwandtner in der Sakristei

Am 1. Februar 2022 begann für Lore Hohlagschwandtner aus Heiligenkreuz die Pension. Weil damit eine Art „Familien-Ära" zu Ende ging, habe ich sie und ihren Mann Hans interviewt. Denn auch Hans Hohlagschwandtner war über Jahrzehnte bei uns im Haus angestellt; so gehören beide zur Heiligenkreuzer Familie. Die Pensionierung ist also zeitlich der Anlass für diese „Heiligenkreuzer Geschichte".

AL: Lore, Du hast nun Deinen Ruhestand angetreten. Das will ich nützen, um mit Dir und Deinem Mann Hans ein Interview für die Sancta Crux zu führen. Immerhin wart ihr beide viele Jahr bei uns im Stift. Du bist ja keine gebürtige Heiligenkreuzerin, sondern Dich hat die Liebe hierhergeführt.

Lore: Ich bin in Klausen-Leopoldsdorf aufgewachsen; nach der Hochzeit bin ich nach Heiligenkreuz gekommen. Ich arbeitete zuerst 17 Jahre im Sägewerk; 2015 begann ich im Gastmeisteramt und war für die Gästezimmer und den Bereich Freigang, Gästetrakt und Sprechzimmer zuständig.

AL: Das war eine Art „Übergang" zu Deinem Mann, oder?

Lore: Nachdem Christine Puntigam 2018 in Pension ging, bin ich in die Kirche gewechselt. Da war ich dann im gleichen Bereich wie mein Mann: Er als Stiftsmesner und ich habe mich um die Reinigung der Kirchen, Sakristeien und der verschiedenen weiteren Räume gekümmert.

AL: Das ist ja ein wichtiger Ort für uns als Klostergemeinschaft; Du sorgtest also dafür, dass wir und auch die Gläubigen und Besucher eine saubere Kirche vorfinden.

Lore: Ja. Insgesamt waren es 17 Räume, für die ich zuständig war; von der großen Stiftskirche bis zur kleinen Kerzenkammer.

AL: Hans, Du bist ein richtiger Heiligenkreuzer. Hier aufgewachsen und dem Ort und dem Stift bis heute treu geblieben und verbunden. Kannst Du ein bisschen davon erzählen?

Hans: Ja, ich bin ein echter Heiligenkreuzer. Schon mein Großvater Josef Nesitzky war Mesner im Stift. Ich bin hier in der Hauptstraße groß geworden; wir lebten unter einem Dach mit der Mutter von P. Gottfried, die auch Köchin in der Stiftsküche war. Von P. Gerhard, dem späteren Abt, wurde ich getauft, mit sechs Jahren wurde ich Ministrant, zuerst bei P. Dominik Kaindl, danach bei P. Alberich Strommer. Schon als Ministrant hat eigentlich meine Mesner-Karriere begonnen: denn wir haben immer beim Rosenkranz mit Aussetzung in der Großen Sakristei ministriert. Und da habe ich dann mit 12 oder 13 den damaligen Mesner Josef Büchler manchmal vertreten und die Kerzen angezündet.

AL: Du hast aber dann nicht gleich als Stiftsmesner begonnen.

Hans: Nein. Als Mesner weiß ich noch Bruder Nikolaus Steinwender und Josef Büchler, auch ein Heiligenkreuzer. Ich habe 1980 im Stiftsbauamt als Tischler begonnen; dort war auch über viele Jahr mein Vater beschäftigt. 1991 wechselte ich dann in die Sakristei. Mein Vorgänger war Hannes Binder; er ist dann Pfarrer in Tirol geworden.

AL: Aber unbekannt waren Dir die Orte Deiner neuen Aufgabe nicht; an was erinnerst Du Dich vor allem?

Hans: Nein, Kirchen und Sakristeien waren für mich von klein auf bekannt, aber auch von der Tischlerei her. Der Aufgang zur Kreuzreliquie, der heute noch steht, den habe ich gezimmert. Aber auch in meiner Mesnerzeit habe ich Regale, die Kniebänke für die Hochzeiten, Kästen oder den Stall für die Krippe in der Antoniuskapelle gebaut.

Insgesamt musst Du wissen, dass alles viel kleiner und auch einfacher war. Es haben ja lange nicht so viele Mitbrüder im Haus gelebt wie heute. In der Bernardisakristei gab es zum Beispiel nur den großen Kasten hinten und in der Mitte;

die Tische für die Pluviale sollte ich im Auftrag von P. Gregor, dem späteren Abt Gregor, vergrößern. Insgesamt war der ganze Bereich vor der Bernardikapelle noch ganz anders. Die große Stiege, die heute von der Fraterie heraufgeht, war ganz schmal. Dafür war ein Teil des heutigen Vorraumes eine Paramentenkammer. Damals haben wir für alle Priester jeden Tag aufgelegt – es waren ja nur wenige zum Konventamt. Einer der jüngeren Mitbrüder war immer Sakristan.

AL: Ich war ja auch einige Jahre mit Dir in der Sakristei. Du hast eine ganze Reihe von Mitbrüdern als Mitarbeiter gehabt.

Hans: O ja! Ich habe mir nicht aufgeschrieben, wer aller Sakristan, Zeremoniär oder Mitarbeiter in der Sakristei war. Im Nachhinein wäre es schon interessant, wo sie heute sind.

AL: Ich vermute, es wird knapp die Hälfte aller Mitbrüder einmal kürzer oder länger bei Dir in der Sakristei gewesen sein. Du hast zu mir einmal gesagt, dass Du mit der Zeit ein Gespür entwickelt hast, ob jemand bleibt oder nicht.

Hans: Ja, man hat schon gesehen, wer etwas arbeitet und wer nicht. Aber oft war es so: Wer wirklich geschickt und fleißig war, der war nicht lange da, sondern den hat man in einen anderen Bereich gegeben.

AL: Was gehörte denn alles so zu Deinen üblichen Aufgaben?

Hans: Die tägliche Arbeit war das Herrichten und Aufräumen der Messen: Konventamt, Pfarrmesse in der Kreuzkirche und übers Jahr Wallfahrermessen oder Andachten in der Kreuzkirche. Auch Trauungen, Taufen und Beerdigungen. Zeitweise gab es in der Kreuzkirche sonntags eine Frühmesse um 7 Uhr. Und dann kommen noch verschiedene kleinere Dinge dazu, an die man aufs Erste nicht denkt: Wäsche in die Wäscherei, die Sondergottesdienste mit der Pfarrkanzlei abklären, Kollekte und Kerzenstand. Auch das Fotografieren der Paramente in den verschiedenen Sakristeien habe ich übernommen.

AL: Du warst damit eigentlich mit ziemlich allen Bereichen im Kloster verbunden: Wäscherei/Schneiderei, Zentralkanzlei, Pfarre, Pforte …

Hans: Eigentlich ja. Auch mit dem Bauamt, wenn es etwas zu reparieren gab oder mit der Küche, wenn wir Salz und Zitrone für die Firmung gebraucht haben. Und den Messwein natürlich.

AL: Was die Kerzen betrifft, war es praktisch, dass Du selber unser Kerzenlieferant warst. Da hatten wir also immer ausreichend – und Reserve.

Hans: Ja, das hat sich mit den Jahren so ergeben.

AL: Lore, Du hast damit auch zumindest ein bisschen zu tun gehabt.

Lore: Über einige Jahre habe ich die Osterkerzen fürs Stift gemacht. Und auch für Dechant Kantusch in Klausen-Leopoldsdorf.

AL: Und dann verbinde ich euch beiden noch mit der Bodenputzmaschine!

Hans: Ja, das war im Frühsommer immer eine der großen Aktionen. Mir war es wichtig, dass der Boden im Hallenchor immer sauber ist und glänzt. Das war dann eine längere Prozedur über mehrere Tage. Nicht immer leicht, weil manche nicht einsahen, dass das Absperrseil auch für sie gilt.

Lore: Da hast Du mir auch dann später immer geholfen, als ich auch in der Kirche war.

AL: Das ist mit eurem Pensionsantritt leider ganz eingeschlafen. So einen glänzenden Boden haben wir seither nicht mehr...

Hans: Und dann gehört auch der sommerliche Großputz vor Mariä Himmelfahrt dazu.

AL: Ich weiß ja aus meiner eigenen Zeit, dass es nicht immer leicht ist, die Mitbrüder zu motivieren, mitzuhelfen...

Hans: Ja, da erlebt man schon so manches. Als Abt Christian noch Prior war, da hat er selber mitgeholfen. Und da waren dann auch überraschenderweise viele junge Mitbrüder da...

AL: Hans, in den fast 30 Jahren als Stiftsmesner (und knapp 40 Jahren insgesamt) hast Du unser Haus schon sehr gut kennengelernt. Und Du ja auch, Lore. Auch wenn es vom Sägewerk aus nicht so direkt war wie bei Deinem Mann. Vielleicht wird ja ein Enkerl wieder einmal bei uns arbeiten. Jetzt seid ihr beide in der verdienten Pension. Da wünsche ich euch schöne und gesunde Jahre und sage jetzt vielen Dank für dieses Interview für die Sancta Crux.

Oskar Scheichenberger
Chef der Information – Pförtner

Abb. 29: Pförtner Oskar Scheichenberger an seinem Arbeitsplatz

Nach 25 Jahren geht Oskar Scheichenberger in Pension. Er war der Dreh- und Angelpunkt im Eingangsbereich des Stiftes. Anrufe, Besucher, Fragesteller, Führungsbuchungen, Hilfesuchende und viele Menschen mit unterschiedlichsten Anliegen waren sein „tägliches Brot". Zum Abschied hat Reinhard Gölzner ein Interview produziert, das viele Einblicke in eine 25-jährige Zugehörigkeit zum Stift gibt. Seine Nachfolge als Pförtner hat P. Zacharias Greilinger OCist übertragen bekommen. Ihm zur Seite stehen P. Lazarus und P. Stephan.

Zentralkanzlei Stift Heiligenkreuz

Stefan Berger

Die Zentralkanzlei stellt die kaufmännische Verwaltung im Stift Heiligenkreuz dar. Unter Hauptökonom P. Markus Rauchegger und Stefan Berger, dem Leiter der Zentralkanzlei, arbeiten 6 Mitarbeiterinnen in den Bereichen Buchhaltung, Personalverwaltung, Tourismus und Marketing. Weiters werden von den Mitarbeiterinnen der Zentralkanzlei allgemeine Verwaltungsaufgaben für den Konventbereich erfüllt.

Abb. 30: v.l.n.r.: Marlies Wolf, Ajisa Dzinic, Dir. Josef Glanz, Martina Unger, Augustine Köck, Michaela Richter, Stefan Berger, Sonja Radfux, Astrid Plank, P. Markus Rauchegger, Patricia Garabits

Die Verwaltungsaufgaben in der Zentralkanzlei dienen nicht nur einem rein dokumentarischen Zweck, sondern auch der unternehmerischen Steuerung. Das Controlling greift auf die aufgezeichneten Daten der Buchhaltung sowie der Personalverwaltung zu und unterstützt mit Analysen, Planungs- und Investitionsrechnungen die wirtschaftliche Führung im Stift Heiligenkreuz und seinen Wirtschaftsbetrieben.

Für jedes Kalenderjahr wird in der Zentralkanzlei ein Jahresabschluss erstellt, der insbesondere Aufschluss über die Veränderung des bewerteten Vermögens, sowie über den wirtschaftlichen Erfolg des abgelaufenen Jahres geben soll. Der Jahresabschluss im Stift Heiligenkreuz wird an die Grundsätze des UGB angelehnt, damit einerseits für interne Zwecke eine Stetigkeit in der Buchführung gegeben ist und andererseits auch externe Stellen (Banken, Subventionsgeber, Steuerberater, Wirtschaftsprüfer etc.) auf ein valides Zahlenmaterial zugreifen können.

Des Weiteren wird der Zentralkanzlei organisatorisch im weiteren Sinne auch die Liegenschaftsverwaltung zugeordnet, welche sich örtlich im Bürogebäude der Forstverwaltung Heiligenkreuz befindet. Hr. Willibald Lindbichler ist seit dem Jahr 1997 mit den Agenden der Liegenschaftsverwaltung, auch Grundverkehr genannt, betraut. Die Liegenschaftsverwaltung wird als Dienstleistungsstelle für den Hauptökonomen sowie Betriebsleiter gesehen, die Immobilienangelegenheiten abwickeln. In der Liegenschaftsverwaltung werden alle besitzrechtlichen Veränderungen, die sich auf den stiftlichen Grundstücken ergeben, lückenlos dokumentiert. Zusätzlich werden besitzrechtliche Veränderungen im Sinne von Kauf, Verkauf, Tausch etc. vorbereitet bzw. begleitet, um die ordnungsgemäße Abwicklung sicherzustellen. Dazu zählt auch die Vorbereitung der Kapitelunterlagen für den Hauptökonomen.

Die Zentralkanzlei wickelt zusätzlich eine Vielzahl an sonstigen Verwaltungsaufgaben ab. Die Anforderungen vonseiten des Konvents, aber auch vonseiten externer Adressaten sind vielfältig, was einen hohen Grad an Know-how und Erfahrung und Anpassungsfähigkeit erfordert.

Newcomer-Veranstaltung 2022
Wir freuen uns über viele neue Mitarbeiterinnen und Mitarbeiter in unseren Betrieben!

Reinhard Gölzner

Das Stift Heiligenkreuz ist das Zuhause für über 100 Zisterzienser. Wussten Sie, dass das Stift auch Arbeitgeber für ca. 170 Mitarbeiterinnen und Mitarbeiter ist? Nämlich in der Land- und Forstwirtschaft, in Wirtschaftsbetrieben, der Liegenschaftsverwaltung, dem Hofmeisteramt, der Zentralkanzlei, der Hochschule, der Bibliothek, dem Verlag, sowie im Kammeramt, im Neukloster, Bauamt und Leopoldinum, und es kommen jährlich neue hinzu. So konnte am Mittwoch, dem 15. Juni 2022, wieder eine Newcomer Veranstaltung von 9 bis 13 Uhr durchgeführt werden. 19 Neulinge, die in den Jahren 2021 und 2022 in den Betrieben in Heiligenkreuz angefangen haben, folgten der Einladung zu dieser Veranstaltung. Im Seminarraum des Klostergasthofes führten Hauptökonom P. Markus Rauchegger und Stefan Berger, der Leiter der Zentralkanzlei und Geschäftsführer der Wirtschaftsbetriebe durch das Programm. Ebenso waren P. Leopold Schwaller und P. Sebaldus Mair anwesend. Nach einer kurzen Begrüßung folgte auch schon der „mobile" Teil der Veranstaltung. Damit die neuen Mitarbeitenden einen guten Einblick in das klösterliche Leben des Stiftes bekommen, folgte nämlich eine detaillierte Führung durch das Stift. P. Markus, P. Sebaldus und P. Leopold führten die Teilnehmenden vom Stiftshof durch den Kreuzgang und Kapitelsaal sowie die Stiftskirche und das Chorgestühl. Aber auch Räumlichkeiten die normalerweise nicht für Besucher geöffnet sind, wie etwa die Stiftsbibliothek mit den jahrhundertealten Büchern und wunderschönen Deckengemälden, konnten besichtigt werden. Die Mönche ermöglichten viele interessante Einblicke an den unterschiedlichen Besichtigungsstationen und vermittelten informative Details sowie Geschichten, die sehr unterhaltsam waren.

Anschließend machte die Gruppe noch einen Abstecher an die Hochschule Heiligenkreuz mit einer kurzen Besichtigung und Führung im modernen Studio 1133. Danach ging es zurück in den Seminarraum, wo auch Abt Maximilian Heim und P. Prior Johannes Paul Chavanne hinzugekommen waren. Sie begrüßten die neuen Mitarbeiter aufs herzlichste und richteten persönliche Worte an die Gruppe. Im Detail wurden noch der Auftrag des Stiftes und das Organigramm mit dem Aufbau der Struktur der einzelnen Wirtschaftsbetriebe und der Leitungspersonen erläutert. Beeindruckend waren hierbei besonders die unterschiedlichen Betriebsleistungen, die während eines Jahres entstehen. (siehe Infobox)

Abb. 31: „Newcomer" der letzten 2 Jahre

Um 12 Uhr gab es die Möglichkeit am Chorgebet der Mönche in der Stiftskirche teilzunehmen, das gerade hier in Heiligenkreuz ein besonderes Erlebnis darstellt. Nach einem gemeinsamen Abschlussfoto folgte ein gemütlicher Ausklang beim gemeinsamen Mittagessen im Klostergasthof, das auch noch Zeit bot, für einen weiteren Austausch und um sich untereinander besser kennenzulernen. Für alle Teilnehmenden war es ein überaus interessanter Einblick in das Kloster, für das sie beruflich tätig sind und eine wunderbare Möglichkeit, die Mönche und das Leben im Kloster näher kennenzulernen.

Infobox

- *180 Mitarbeiter und Mitarbeiterinnen ermöglichen das Ordensleben im Stift Heiligenkreuz.*
- *Bewirtschaftung von 1.260 ha Ackerfläche und 9.254 ha Waldfläche*
- *Verwaltung von 600 Mietobjekten*
- *Studienbetrieb für über 300 Studenten aus 35 Nationen*
- *Herstellung von 600.000 Mahlzeiten*
- *50.000 Kunden im Klosterladen*
- *Verkauf von 2.3 Mio. Litern Treibstoff an der Tankstelle*
- *12.000 Bücher im Be+Be-Verlag*
- *50.000 Klosterführungen*

Ausbildung zum Koch

Fr. Korbinian Eibel OCist

Da ich, Frater Korbinian, seit 1. Oktober 2022 im Klostergasthaus eine Ausbildung zum Koch mache, möchte ich ein wenig über diese wunderbare Ausbildung erzählen.

Sie ist sehr vielfältig. Man lernt vom Wareneingang bis zum fertigen Gericht alles kennen. Eine wichtige Aufgabe in diesem Beruf ist natürlich die Beachtung der Hygienevorschriften. Das muss an erster Stelle stehen! Auch der Besuch der Berufsschule ist Pflicht; in jedem Lehrjahr muss man zehn Wochen durchgehend in der Landesberufsschule-Waldegg (NÖ Landesberufsschulen) im gleichnamigen Ort an der Hohen Wand verbringen. Dort lernt man in Theorie und Praxis alles über den Beruf des Kochs. Momentan sind mit mir sechs andere Lehrlinge im Klostergasthaus tätig – eine tolle Gruppe!

Abb. 32: Die Lehrlinge: Von links nach rechts, oben: Max, Frater Korbinian; Mitte: Lea, Philipp, Antonia; unten: Michael, Marietta

Ich arbeite natürlich nicht nur im Klostergasthaus, sondern auch in unserer Klosterküche. Dort bin ich für die Zubereitung der Nachspeisen zuständig, was mir sehr große Freude bereitet. Letztes Jahr durfte ich einen Konditorgrundkurs besuchen, im Rahmen dessen ich das Backen und die Arbeit als Konditor besser kennengelernt und gut eingeübt habe.

Jetzt möchte ich noch eines meiner wunderbaren Mehlspeisenrezepte vorstellen:

Mohn- oder Nussstrudel

Abb. 33: Strudel-Kreation von Fr. Korbinian

Zutaten für den Teig

200 ml Milch (lauwarm)

25 g Hefe

4 EL Staubzucker

400 g Mehl

3 EL Butter

1 Ei

3 Eidotter

1 Prise Salz

Zutaten für die Fülle

200 g Mohn oder gemahlene Nüsse

150 ml Milch

100 g Zucker

1 Prise Zimt

1 Eigelb zum Bestreichen

Die Zubereitung

Für den Vorteig 1 EL Zucker in 4 EL lauwarmer Milch auflösen. Dann die Hefe sowie ein wenig Mehl einrühren und an einem warmen Ort zugedeckt ca. 10 Min. gehen lassen.

Die Butter langsam schmelzen. Dann die restliche Milch, den restlichen Zucker, Ei, Eidotter, die geschmolzene Butter, eine Prise Salz sowie das restliche Mehl unter den Vorteig mischen und zu einem geschmeidigen Hefeteig schlagen. Diesen an einem warmen Ort ca. 30 Min. aufgehen lassen, bis sich sein Volumen verdoppelt hat.

Das Backrohr auf 180 °C vorheizen.

Inzwischen für die Fülle den geriebenen Mohn (oder die gemahlenen Nüsse) in Milch gemeinsam mit dem Zimt und dem Zucker aufkochen lassen. Die Fülle etwas abkühlen lassen.

Den Teig auf einer bemehlten Arbeitsfläche 1/2 cm dick ausrollen, mit der Fülle bestreichen, locker einrollen und nochmals 1/2 Stunde gehen lassen.

Den Mohn- bzw. Nussstrudel auf ein mit Backpapier ausgelegtes Backblech legen, mit einer Gabel mehrmals einstechen, mit dem Eigelb bestreichen und bei 180 °C ca. 40 Minuten backen.

Viel Spaß und Erfolg beim Nachbacken!

Guten Appetit!

Anfang des Jahres 2022 hat unser Lehrling im Klostergast Max Höller von der Wirtschaftskammer Niederösterreich ein Stipendium erhalten, das ihm ein vierwöchiges Auslandspraktikum in Malta ermöglicht.

4. Teil: Kunst und Geschichte

Das Votivbild in der Pfarrkirche „Maria Kirchbüchl“

Wolfgang Haider-Berky

Allgemeines

Lage

Die Kirche liegt in der Gemeinde Höflein an der Hohen Wand im Bezirk Neunkirchen. Der kleine Talkessel wird im Norden vom westlichsten Teil der „Hohen Wand“, im Westen von der „Sonnleiten“, im Süden vom „Eichberg“ und im Nordosten vom „Zweier“ begrenzt. Das Tal wird vom Frauenbach nach Osten entwässert. Dieser bildet bei Rothengrub eine Talenge, bevor der Bach östlich von Willendorf in das Steinfeld eintritt. Vor dieser Enge liegt eine markante kugelförmige Kuppe, auf deren Gipfel die Wallfahrtskirche „Maria Kirchbüchl“ thront. Der Hügel besteht aus weicheren Sandsteinen und Tonmergeln der „Werfener Schichten“ der Trias[18] und wirkt wie ein Kork in einer Flasche, denn gemeinsam mit der Talenge wirkt er wie eine Düse. Dadurch werden die scharfen Schneebergwinde immens verstärkt. Dieser Effekt dürfte der Grund gewesen sein, warum es auf dieser Kuppe keine vorgeschichtliche Besiedlung gab, obwohl hier ein idealer Platz für eine frühe Befestigungsanlage gegeben wäre. Bis dato ist vom Kirchbüchl noch kein vorgeschichtlicher Fund bekannt geworden.

Diese Sogwirkung musste die exponiert stehende Kirche im Jahr 1976 über sich ergehen lassen. Im Jänner dieses Jahres wurde der Dachstuhl abgedeckt und zerstört.

Die Kirche ist seit 1783 Pfarrkirche der Pfarre Rothengrub-Maria Kirchbüchl. Die ursprüngliche Pfarrkirche St. Thomas in Rothengrub (Ortsgemeinde Willendorf) fiel in diesem Jahr der Pfarrregulierungen unter Kaiser Josef II. zum Opfer. Der Pfarrhof befindet sich allerdings noch immer in Rothengrub.

Geschichte

Das Gebiet des Höfleiner und des Grünbacher Kessels ist seit der späten Jungsteinzeit besiedelt. In der späten Bronzezeit („Urnenfelderzeit“ 1000–800 v. Chr.) und in der beginnenden Eisenzeit (Hallstatt C, 800–750 v. Chr.) war das Gebiet stark besiedelt, denn hier wurde Kupfererz verhüttet und verarbeitet und weit verhandelt. Zentren waren das „Gelände“ bei Grünbach und der Kienberg bei

18 Diesen Hinweis verdanke ich Herrn Dr. Peter Gottschling, Geologe.

Dörfles. Am Fuße des Kirchbüchl, in Rothengrub, wurde einer der bedeutendsten Schatzfunde Österreichs gemacht. Dieser besteht vor allem aus Gold- und Bronzeschmuck und befindet sich heute im Naturhistorischen Museum in Wien. In der späten Eisenzeit (um 150–50 v. Chr.) befand sich in Willendorf eine kleine keltische Ansiedlung, von der nur noch das Gräberfeld nachweisbar ist. In der Spätantike (4./5. Jahrhundert n. Chr.) verlief entlang der „Fischauer Vorberge" von Fischau, Winzendorf, Strelzhof, Rothengrub, Oberhöflein und weiter über Puchberg und die Mamauwiese Richtung Mariazell ein bedeutender römerzeitlicher Fernverkehrs-Weg, der dann im Hochmittelalter als „Salz-Eisen-Straße" bezeichnet wurde und weiterhin in Verwendung stand. Dieser Weg (oder „Straße") führte unterhalb der Kirche am Gegenhang („Römergrube") von Rothengrub nach Oberhöflein. Dieser war in den letzten Jahrhunderten ein beliebter Wallfahrtsweg nach Mariazell, wobei in Kirchbüchl von den Pilgern gerne Station gemacht wurde.

In der Hochgotik nahm das Wallfahrtsgeschehen enormen Aufschwung. Die früheste derzeit vorliegende Schriftquelle stammt aus der Zeit um 1443. Kaiser Friedrich III. übergab damals die Kirche und einige Grundstücke für die Stiftung einer Messe am Altar des hl. Georg in der Burgkapelle in (Wiener) Neustadt. In Millstatt wurde 1468/69 vom Kaiser der „St. Georgs-Ritterorden" gestiftet. Das war eine Vereinigung von „Rittern", meist aus dem Hofstaat des Kaisers, die den Auftrag hatten gegen die schon um 1470 in Kärnten und Steiermark plündernden Osmanen vorzugehen. Diese „Gesellschaft mit beschränkter Haftung" brachte es zustande, kein einziges Mal ins Gefecht zu ziehen. Kirchbüchl und die Güter wurden diesem Orden übergeben („Kirchbühleramt" bzw. „Sankt-Georg-Benefizium"). Um 1600 wurde der Ritterorden wegen Unzweckmäßigkeit aufgelöst. Die Geschichte des 17. und 18. Jahrhunderts, sowie der Zeit ab 1750 entnehme man dem Kirchenführer aus 1990.[19]

Die Baugeschichte der Kirche

Der erste nachweisliche Bau stammt aus der Zeit um 1440. Im Bereich des heutigen Chores erkennt man an der Außenseite die Reste einer gotischen Kapelle. Solch kleine Kapellen findet man oftmals als an die Pfarrkirche angebaute Grabkapellen einflussreicher Personen oder als einzeln stehende Bauten an besonders markanten Plätzen (in diesem Fall für die Wallfahrten nach Mariazell). Die gotische Kapelle war einschiffig, mit drei Jochen und einem 5/8 Chorschluss. Die ursprüngliche Einwölbung ist nicht mehr erkennbar. Allerdings könnten die gotischen Gewölbeansätze im Dachraum noch vorhanden sein. An der Außenseite sind an den Jochen Strebepfeiler angebracht. Diese sind mit einem doppelten

19 Jünger Andrea: Maria Kirchbüchl. Schnell Kunstführer Nr. 1832, München, 1990, 2.

Wasserschlag und einer zusätzlichen Profiländerung ausgestattet. Ein verkröpftes Sockelgesims umgibt den Bau. Der gotische Bau erfuhr Schäden und Zerstörungen im September 1532 und im August 1683 durch die Osmanen.

Die Innenausstattung

Hier darf wieder auf den Kirchenführer von 1990 verwiesen werden, wo die kunstgeschichtlichen Details ausführlich beschrieben werden. Ziel dieses Aufsatzes ist es, ein einzelnes Objekt zu untersuchen, nämlich das „Votivbild der Neunkirchner" und den Votivaltar in der Pfarrkirche Neunkirchen.

Ein Detail der ursprünglichen Ausstattung muss hier doch besonders hervorgehoben werden. Es ist eine toskanische Säule aus der Mitte des 16. Jahrhundert, auf der lange Zeit die Statue der wundertätigen Maria mit Kind stand (zumindest bis in die Zeit um 1750). Die Säule war damals vor dem Altar, möglicherweise auch unter dem Triumphbogen aufgestellt. Baugeschichtlich stammt die Säule auf alle Fälle aus der Mitte des 16. Jahrhunderts. Heute befindet sie sich hinter dem Hochaltar.

Das Gnadenbild

Die Darstellung „Maria mit dem Kind" oder – wie sie mehrfach urkundlich genannt wird – „Maria auf der Säule" hat eine eigentümliche Geschichte, und ihre Datierung wirft einige Fragen auf. Dazu sind alle bekannten Quellen heranzuziehen, welche sind:

1) Der Hochaltar: Er stammt aus der 1. Hälfte des 18. Jahrhunderts, und er wurde 1749 aus der Kirche Neukloster in Wiener Neustadt nach Maria Kirchbüchl übertragen. Eine Inschrift auf einem Kupferstich von nach 1750 berichtet darüber. Der Text lautet: *Uhr = altherthümliches Gnadenbildt Maria an Kirchbigl unser Obsorg deren W.W.E.E. P.P. Cistert: in Wienn=Neustatt, wir selbes Ao 1749 der neu erbauten Kirchen ist das Hoch=Altar übersezet worden.*

2) Das Gnadenbild, eingebettet in einen Strahlenkranz und oberhalb des Tabernakels stehend, weist jedoch noch Merkmale auf, die in eine rund 140 Jahre frühere Zeit verweisen, also in die Zeit um 1610/20. Allerdings wurde das Gnadenbild im 18. Jahrhundert teilweise überarbeitet. Das hängt mit den Ereignissen von 1683 zusammen, als die Einrichtung Schaden erlitt. Hat es überhaupt schon zur Zeit des spätgotischen Erstbaues diese „Maria auf der Säule" gegeben? War die frühbarocke Skulptur ursprünglich eine spätgotische? Eine Untersuchung durch den Kunsthistoriker Lothar Schultes[20] hat ergeben, dass

20 Für dieses Gutachten bin ich Herrn Dr. Lothar Schultes, Kunsthistoriker, zu Dank verpflichtet.

die Skulptur eindeutig aus dem Frühbarock stammt, aber um 1748/49 dem Geschmack der Zeit entsprechend umgearbeitet wurde und eine neue Fassung erhielt. Eine Provenienz aus der Spätgotik ist daher auszuschließen. Der Standort auf einer toskanischen Säule verstärkt noch dazu die Datierung in die Zeit um 1600. Die Bezeichnung „Maria auf der Säule" stammt daher ebenfalls aus dieser Zeit.

3) „Maria auf der Säule" ist auf zwei Ölgemälden dargestellt, die von Geistlichen und Bürgern der Stadt Wiener Neustadt (1734) und vom Markt Neunkirchen (1737) gestiftet wurden. Beide Bilder stammen vom selben, leider unbekannten Künstler. Das Wiener Neustädter Bild soll hier nicht näher erläutert werden. Es ist im Aufbau, der Gestaltung und den Darstellungen das um drei Jahre ältere „Zwillingsbild". Auf beiden Gemälden steht die Madonna mit Kind auf der Säule. Bekleidet ist sie mit weit ausladenden, typisch barocken Gewändern, ähnlich wie die Gnadenmutter von Maria Zell, nur hat letztere inzwischen eine umfangreiche Garderobe bekommen. Die Frage ist nun, ob 1734/37 die Madonna noch auf der Säule stand. Zu dieser Zeit fanden in Maria Kirchbüchl die großen barocken Umbauarbeiten statt. Diese begannen schon 1710 und dauerten mit Unterbrechungen bis 1750.

Abb. 34: Votivbild in Maria Kirchbüchl

Das Votivbild in Maria Kirchbüchl

Für die Geschichte Neunkirchens ist der Hintergrund des Bildes wichtig. Er zeigt zwar nur schemenhaft einzelne Bauten im Markt, aber die Pfarrkirche ist sehr naturgetreu im Zustand des 3. Jahrzehntes des 18. Jahrhundert dargestellt und somit die dritte Ansicht aus den frühen Jahren des 18. Jahrhunderts. Dieses Bild ist, ebenso wie die älteste Ansicht bald nach 1700 gemalt, nach Süden ausgerichtet. Das sogenannte „Florianibild“[21] ist um 1715/20 entstanden, aber genordet. Das Bild der Neunkirchner hängt heute an der linken Wand des Chores. Dem gegenüber befindet sich das Votivbild der Wiener Neustädter Bürger. Ein drittes Ölbild zeigt eine Ansicht von Schloss Strelzhof bei Willendorf. Alle drei Bilder sind in typisch spätbarocker und früher Rokokoform gestaltet und können somit in die Zeit um 1730/40 datiert werden. Beim Bild der Neunkirchner kann mit Hilfe des Chronogrammes das Jahr der Fertigstellung genau errechnet werden. Der leider unbekannte Künstler hat das Werk in Form einer kleinen Theaterbühne gestaltet, wie diese im Spätbarock häufig in natura gebaut wurden. Durch die ausgeprägte Perspektive kommt der Bühnenraum eindrucksvoll zur Geltung. Im Vordergrund stand in zentraler Position eine toskanische Säule. Diese ist heute hinter dem Altar aufgestellt. Sie ist aus einem rötlichen Gestein („Engelsberger Marmor“?) gefertigt.[22] Darauf steht die Heilige Maria in üppiger barocker Kleidung, das Jesuskind in der rechten Hand haltend. Jesus ist ebenfalls reich bekleidet. In der linken Hand hält Jesus die (Welt)Kugel. Mutter und Kind tragen eine Krone. In der linken Hand hält Maria ein Zepter. Diese Säule stand vom 16. bis ins 18. Jahrhundert tatsächlich vor dem Hochaltar, und zwar im Bereich des Triumphbogens. Aus dieser Positionierung entstand die Bezeichnung „Maria auf der Säule“.[23] (6).

Im Sockelbereich vor der Säule ist eine Kartusche in schwarzer Farbe zu sehen, die mit Ranken- und Bandlwerk gesäumt ist. Die Inschriften sind mit weißen und roten Buchstaben geschrieben. Der Text lautet:

SIhe Vnser geliibDt
Vnd erneVern VVIr
Vor DeIn gnaDenreIChen Thron aLhIer
DVrCh DeIn VorbItt Vns beVVahr
Von Der Pest, Von aLLer gefahr
v. d. Gemeinde Neunkirchen
1562
Renovirt 1862

21 Dieses befindet sich heute im Klausurbereich des Klosters.

22 Engelsberg bei Muthmannsdorf. Abbaustelle von „Engelsberger Marmor“, rötlicher Kalkstein.

23 Mayer P., Heinrich A: „Unsere Liebe Frau auf der Säule“ in Maria Kirchbüchl. In: „Sancta Crux“ Zeitschrift des Stiftes Heiligenkreuz, 39. Jg., 1977, 48–60.

Der Passus „v. d. Gemeinde Neunkirchen" wurde vom Restaurator innerhalb, und „renovirt 1862" außerhalb der Kartusche angebracht. Die Inschrift selbst stammt sowohl in der Orthographie als auch im Schriftzug aus dem Jahr der Fertigstellung.

Das Chronogramm

Summe: I = 1	09 Mal = 9	Gesamt	1. Zeile: 558
Summe: V = 5	13 Mal = 65		2. Zeile: 21
Summe: L = 50	04 Mal = 200		3. Zeile: 1158
Summe: C = 100	02 Mal = 200		4. Zeile: 1127
Summe: D = 500	06 Mal = 3000		5. Zeile: 610

Auflösung des Chronogrammes

Die ersten drei Zeilen ergeben zusammen 1737, die 4. und 5. Zeile zusammen ebenfalls 1737. Das Vollendungsdatum des Votivbildes war somit 1737. Warum dieses Datum zwei Mal im Text zu finden ist, könnte mit der Länge der Inschrift zusammenhängen. Dieses Phänomen findet man auch in der Inschrift der „Dreifaltigkeitssäule" in Neunkirchen.

Die abgebildeten Personen: Links von der Kartusche mit der Inschrift knien fünf Geistliche, in schwarze (oder braune) Kutte gekleidet, welche mit einem Zingulum zusammengehalten wird. Unzweifelhaft handelt es sich dabei um Minoriten.[24]

Rechts knien neun Herren, ebenfalls dunkel gekleidet. Um den Hals tragen diese ein krawattenähnliches Tuch. Dabei handelt es sich um ihre Amtstracht, denn diese Personen sind die Mitglieder des Marktrates samt Marktrichter.

Alle beteiligten Personen danken „Maria auf der Säule" inbrünstig für die Verschonung des Marktes Neunkirchen vor der Pest im Jahr 1562. Begrenzt wird das Bild von beiden Seiten von hohen Wandflächen, wobei die Perspektive klar zur Geltung kommt, aber trotzdem nicht ganz gelungen ist. Die glatten Flächen sind in der Tiefe gestaffelt. Der obere Teil wird von einem reich profilierten, verkröpften Kaffgesims begrenzt. Beide Mauern schließen mit einem weiten Korbbogen ab. Über und knapp hinter der „Maria auf der Säule" ist ein roter Schabrackenvorhang gespannt. Über dem Kopf von Maria und dem Jesuskind hängt am Scheitel des Bogens eine aufwendig gestaltete Krone.

Wie ein Bühnenbild ist im (fernen) Hintergrund eine Landschaftsszene dargestellt, die nicht sofort schlüssig einer bestimmten Gegend zuzuordnen ist. Erst

24 Franziskaner (ordo fratrum minorum conventualium) vom Konvent in Neunkirchen (gegründet 1631).

bei genauer Betrachtung und in Kenntnis der damit zusammenhängenden historischen Details ist es möglich, den dargestellten Ort zu enträtseln.

Im Vordergrund des „Bildes" sind eine große Wiese und eine Uferregion zu sehen, die von einem Fluss begleitet wird. Auf der anderen Flussseite stehen vereinzelt Bäume, deren Anzahl im Hintergrund immer zahlreicher wird. Ganz links ist ein Bauwerk zu sehen. Es ist ein Tor mit breitem Korbbogen. Vor dem Tor spannt sich eine einfache Brücke über den Fluss. Ein Tor an dieser Stelle ist mit den historischen und bauhistorischen Quellen nicht verifizierbar. Die Brücke ist seit dem Hochmittelalter an dieser Stelle nachweisbar („Lange Brücke"). Westlich des Tores beginnt entlang des rechten Flussufers ein massiver, palisadenartiger Holzzaun. Es handelt sich dabei um das erste Hindernis der Verteidigungsanlage.

Dahinter führt der Weg durch das Tor in den Ort hinein. Links im Hintergrund sind zwei Wegsäulen zu erkennen. Schließlich erreicht die Straße Wohngebiet, wobei jedoch kaum Details von Häusern erkennbar sind. Die zentrale Darstellung des Bildes ist ein mächtiger Kirchenbau, der ziemlich exakt gemalt ist. Im Ostteil der Kirche erhebt sich der mächtige Chor, daran anschließend ein massiver Bau, der einen kleinen Turm trägt. Südlich davon ist ein Turm mit Zwiebelhelm zu sehen. Im Norden ist der Torso eines nicht voll ausgebauten Turmes angebaut. Ein niedrigeres Langhaus endet in einem weiteren angebauten Turm mit pyramidalem Dach. Das Bild zeigt den Zustand der Pfarrkirche um 1720/37. Der Südturm war zu dieser Zeit schon wieder mit einem Zwiebelhelm versehen. Über der Vierung ist jedoch noch immer, so wie am „Florianibild" von ca. 1720/25 abgebildet, der hölzerne nach 1683 aufgesetzte kleine Glockenturm zu sehen. Zwei Jahre später, 1739, wurden der kleine Dachreiterturm, der Torso des Nordturmes und der Westturm abgetragen; letzterer auf halbe Höhe. Die Pfarrkirche hatte demnach zwischen ca. 1685/1700 und 1739 vier Türme. Das Votivbild kann sowohl bauhistorisch als auch mit dem Chronogramm datiert werden (terminus ante quem). Das Votivbild ist somit die drittälteste realistisch gemalte Darstellung der Pfarrkirche Neunkirchen. Die älteren Bilder und Zeichnungen (Landkarten) zeigen die Kirche nur schematisch. Vor der Kirche ist ein größeres Gebäude nur undeutlich zu sehen. An dieser Stelle befinden sich die Bauten des Konvents. Rechts der Säule sind weitere relativ große Gebäude zu sehen. Daran anschließend erkennt man zwei Kirchen mit Zwiebeltürmen. Diese sind die Simonikirche und weiter rechts die Oswaldikirche.

Den Hintergrund bilden Berge, deren Silhouette nicht der Realität entsprechen. Dichte weiße Wolken schließen das Bild nach oben ab.

Der Bildrahmen

Der mehrfach profilierte Rahmen ist aus schwarzem Holz gefertigt (die Holzart wurde nicht ermittelt). Die vier Ecken und die Breit- und Längsseiten sind mit reich verzierten vergoldeten Metallapplikationen versehen. Sie zeigen Palmetten, die von Details in Brezenform flankiert sind. Diese sind wahrscheinlich dem Formengut des Spätbarock zuordenbar. Oberhalb der Figuren von Maria und dem Jesuskind ist eine große, über den Rand des Bildes hinausreichende Palmette angebracht. Die Außen- und Innenseiten des Rahmens sind mit metallenem, goldfärbigem Fries (Bordüre) begrenzt. Diese Verzierung ist der Form eines „laufenden Hundes" (Abwandlung eines Mäanders) ähnlich.

Widmung

Ich möchte diesen Aufsatz P. Albert Urban OCist widmen, der gerade zur Zeit der Fertigstellung dieses Artikels verstorben ist. Uns verband eine jahrzehntelange Zusammenarbeit in historischen Fragen über Maria Kirchbüchl und Umgebung, und natürlich auch über seinen Geburtsort Neunkirchen. Das Schicksal wollte es, dass ausgerechnet eine Arbeit über ein historisches Thema mit seinem Tod zusammenfällt. Lieber Pater Albert R.°I. P.

1136: Waldegg oder Muthmannsdorf – Ein Fall für die Archäoastronomie Eine Hinführung zum gleichnamigen Artikel

Erwin Reidinger

Gegenstand meiner Untersuchung waren fehlende Parameter in der Pfarrerrichtungsurkunde, die Adalram von Waldegg ausgestellt hat. Das Original befindet sich im Haus- Hof- und Staatsarchiv in Wien. Die Urkunde wurde vom Salzburger Erzbischof Konrad I. besiegelt und ist ohne Ortsangabe und Datum erhalten.

Hinsichtlich der Ortsangabe besteht unter den Mediävisten Einigkeit, dass sie sich nur auf Waldegg oder Muthmannsdorf beziehen kann. Beim Datum wird nach neueren Erkenntnissen die bisherige Datierung 1136 als schwach begründet angesehen. Es gibt zwar historische und archäologische Betrachtungen, diese sind zum Teil aber widersprüchlich. Nach wie vor besteht also Unklarheit hinsichtlich Ortsangabe und Datum.

Deshalb habe ich mich mit diesem Thema befasst und dabei die von mir entwickelte archäoastronomische Forschungsmethode angewendet. Diese Methode fußt auf einer exakten Vermessung des (noch vorhandenen) Baubestandes und funktioniert nur dann, wenn Kirchen nach der aufgehenden Sonne (Metapher für Christus) orientiert sind. Dann enthalten sie Zeitmarken, die gelegentlich astronomisch erschlossen werden können. Für die Kirchen von Waldegg und Muthmannsdorf war meine Methode erfolgreich und konnte zur Lösung der beiden Unbekannten führen.

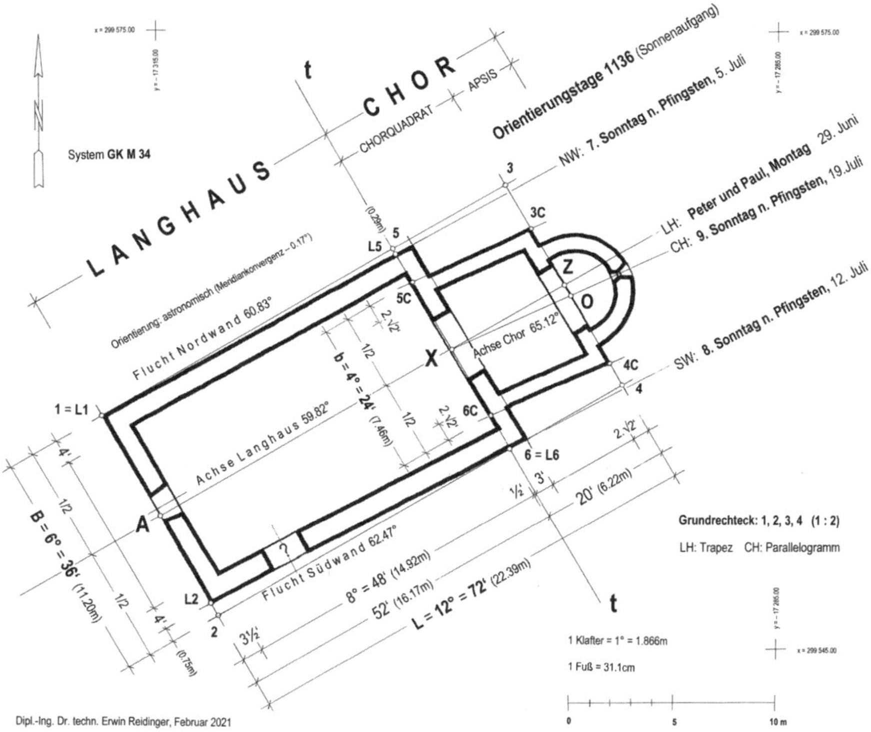

Abb. 35: Schemazeichnung zur Ausrichtung des Kichenbaues

Die Orientierung des romanischen Gründungsbaus der Pfarrkirche Muthmannsdorf erfolgte beginnend mit dem 29. Juni (Peter und Paul) und an und den folgenden drei Sonntagen im Sommer 1136 (Abb.1).

Die Pfarrerrichtungsurkunde des Adalram von Waldegg bezieht sich auf Muthmannsdorf und kann somit dem Jahr 1136 zugeordnet werden.

Zur Vorausveröffentlichung meiner Abhandlung „1136: Waldegg oder Muthmannsdorf – Ein Fall für die Archäoastronomie (2021)“ siehe http://erwinreidinger.heimat.eu_ (Abschnitt Abhandlungen, Nr. 42)

Ausstellungsbeteiligung des Stiftes

P. Roman Nägele OCist

Dom Museum Wien

Das Dommuseum Wien führt in der Zeit vom 29.9.2022–27.8.2023 eine Sonderausstellung mit dem Titel „Mahlzeit" durch. Diese Sonderschau bringt die verschiedenen sozialen, kulturellen und religiösen Dimensionen des Essens zur Sprache. Die Direktorin Dr. Johanna Schwanberg hat sich mit ihrem Ausstellungsleiter und Kurator der Schau im Museum des Stiftes Heiligenkreuz umgeschaut und für zwei Kunstwerke entschieden.

Das erste hier zu besprechende Bild stammt von Martin Dichtl (ca. 1639–1710) und wird auf 1682 datiert. Es zeigt eine alte Frau, die aus einer Schüssel isst. Es ist in Öl auf Leinwand ausgeführt und hat die Maße 95x69 cm. Das Bild ist mit einem sogenannten Ochsenaugenrahmen gerahmt. In der Inventarliste des Kunstkatasters hat es die Inventarnummer 88. Das Bild wurde ausgewählt, weil es das Alleinsein und die Selbstreflexion beim Essen zeigt. Die Einsamkeit beim Essen an Feiertagen ist für viele Menschen schwer zu ertragen. Das Gasthaus schafft nicht immer Abhilfe. An einem Arbeitstag kann die Mahlzeit zu einem Moment der Besinnung werden. Geht es nun bei Martin Dichtl, wo eine alte Person beim Essen ihrer Suppe innehält, um Einsamkeit oder Selbstreflexion? Was würden wir, die wir das Bild betrachten dafür geben, den Grund für das Innehalten der Frau mitten im Essen zu erfahren. Mit aufgerichtetem Körper lehnt sie sich am Tischrand vor, als würde sie angespannt lauschen. Die rechte Hand mit dem Löffel stockt auf halbem Weg zum Mund; den Arm stützt sie auf dem Ellenbogen ab. Ihr linker Unterarm ruht neben dem glasierten Napf auf der Tischplatte, die wiederum auf einem großen leeren Fass aufliegt. Gerade noch hat sie mit zahnlosem Mund ihren Brei oder die Suppe gelöffelt. Ihr Blick schweift hinweg in die Ferne. Sie schaut in ein helles Licht, das ihr Gesicht von Falten durchzogen und Hände und Hals sehnig dürr erscheinen lässt. Das einfache Gewand verschmilzt mit dem eintönig braunen Hintergrund. Der deutsche Barockmaler Martin Dichtl zeigt ein anonymes Modell im intimen Moment des Für-sich-Seins und Allein-essens. Ob die Frau wegen ihres Allein-Seins zu bemitleiden ist, ist nicht sicher. Das Allein essen kann auch eine willkommene Gelegenheit bieten, um das Tagewerk zu bedenken, sich zu sammeln und wieder neu Kraft zu schöpfen. Diese Essenspausen stellten für die schwer arbeitende Bevölkerung zumeist sogar die einzige Möglichkeit zur Regeneration dar, die Dienstgeberinnen und Dienstgeber ihr zugestanden. Im vorliegenden Werk lenkt nichts vom Ausdruck der Verinnerlichung ab.[25]

Abb. 36: Martin Dichtl: Alte Frau mit Schüssel

Das zweite Bild in dieser oa Ausstellung stammt von einem unbekannten Künstler und trägt den Titel: Alte Frau in der Küche. Es stammt aus dem 18. Jahrhundert. Es ist in der Technik Öl auf Leinwand ausgeführt und hat die Masse 96 x 76 cm.

25 Schwanberg Johanna (Hg.), Das Mahl, Dom Museum Wien, 294–301, Wien 2022.

Das Bild ist mit einem Ochsenaugenrahmen versehen. Der wohl deutsche Maler zeigt eine große Küche, in der eine alte Frau in der Küche ganz an den Rand gedrängt ist. Geradezu verloren wird sie zwischen dem vielen Küchengerät gezeigt, das sich vor, neben und über ihr aufreiht. Was zunächst als nette Darstellung gesehen wird, ist es wohl nicht. Die Augen der Frau sind verbunden wie bei einer Gefangenen. Das rote Halstuch, von dem Farbe wie Blut tropft, verstärkt den Eindruck der Bedrohung. Der Schrei scheint dies zu bestätigen. Die Erniedrigung dieser Frau ist förmlich zu spüren. Vielleicht ist dieses Bild ein Aufschrei der Zeit gegen die Verbannung der Frau in die Küche.[26]

Abb. 37: Alte Frau in der Küche (anonym)

26 Vgl. Schwanberg Johanna (Hg.), Das Mahl, Dom Museum Wien, Wien 2022, 295.

Historisches Museum der Pfalz Speyer

Das Historische Museum der Pfalz würdigt 2022/23 aus Anlass des 750. Jubiläums der Krönung Rudolf I. die frühen Habsburger mit einer großen kunst- und kulturgeschichtlichen Landesausstellung, die die Erfolgsgeschichte dieses Herrschergeschlechts von Rudolf I. bis Maximilian I. nachzeichnet und somit rund 250 Jahre Reichs- und Dynastiegeschichte in den Blick nimmt. Rudolf I. legte den Grundstein, auf dem seine Nachfolger Albrecht I., Albrecht II., Friedrich III. und schlussendlich Kaiser Maximilian I. das Haus Habsburg errichteten. Maßgeblich für die Festigung habsburgischer Herrschaft aber war nicht nur dynastische Kontinuität, sondern das gleichsam strategische Handeln in Zeiten von Brüchen und Konflikten. Kaiser Friedrich III. und Kaiser Maximilian I. weilten mehrfach in der Region am Oberrhein. Rudolf I. wie auch sein Sohn Albrecht I. fanden ihre Grablege im Speyrer Kaiser- und Mariendom. Als bedeutender Grablegeort der Habsburger außerhalb Österreichs ist Speyer besonders dafür geeignet, erstmals in Deutschland überhaupt die Geschichte der frühen Habsburger aus dem Hause Habsburg in einer Gesamtdarstellung zu beleuchten.

Eine zentrale Rolle in dieser Ausstellung spielt naturgemäß Friedrich III., der am längsten amtierende König des Mittelalters. Mit dem Salbgefäß bewahrt die Kunstsammlung des Stiftes Neukloster (zum Stift Heiligenkreuz gehörend) ein besonders herausragendes Stück mit Bezug zum Habsburger. Der sechsfüßige Fuß des silbernen Gefäßes trägt drei zylinderförmige, innen vergoldete Behältnisse, die wiederum von einem Deckel mit Kreuzblume verschlossen werden. Es handelt sich hier um eine Pyxis für die heiligen Öle[27], deren Stiftung durch Friedrich III. in den Quellen überliefert ist. Dies wird durch die weithin bekannte und in der Deutung immer noch umstrittene AEIOU[28] Inschrift deutlich. Mit diesem besonderen Exponat soll die Verbindung von Herrschschafts-Repräsentation und Stiftungstätigkeit des Kaisers zum Ausdruck gebracht werden. Mit unserem Salbgefäß konnten wir für die oa Ausstellung ein einzigartiges Objekt der Zeit zur Verfügung stellen.[29]

27 Die drei heiligen Öle werden vom Bischof während der Chrisammesse am Gründonnerstag Vormittag in der Bischofskirche geweiht. Es sind dies: Katechumenen-, Chrisam- und Krankenöl.

28 Deutungsmöglichkeit: Alle Erde ist Österreich untertan.

29 Vgl. Schubert Alexander (Hg.), Die Habsburger im Mittelalter, Aufstieg einer Dynastie, Darmstadt 2022.

Abb. 38: Salbgefäß (Kunstsammlung Neukloster)

Pfarre Attnang – Hl. Geist

Im Frühsommer des Jahres 2022 kam Frau Elisabeth Schöffl aus der Pfarre Attnang-Hl. Geist in Oberösterreich mit einer Bitte zu mir nach Heiligenkreuz.

Sie beabsichtigten eine Ausstellung über das Schaffen von Lucia Jirgal in der Galerie Schloss Puchheim durchzuführen. Warum das Interesse an der Künstlerin Lucia Jirgal? Sie schuf ab 1952 28 Glasfenster für die Pfarrkirche Hl. Geist in Attnang. Frau Schöffl begann sich mit den Werken Jirgals zu beschäftigen, weil sie bei den Besuchen der hl. Messe fasziniert war von deren Kirchenfenstern. Die vielen Details und der Lichteinfall eröffneten ihr ein „eigenes Universum". Da sich die meisten Entwürfe dafür in unserer Graphischen Sammlung befinden, hat sich der Besuch in Heiligenkreuz angeboten. Nach der Sichtung der vorhandenen Werke in der Graphischen Sammlung des Stiftes und der Absprache mit der Ausstellungskuratorin Dr. Alicia Waldstein vereinbarte man die Übergabe von 22 Werken. Sie schuf eine umfassende Werkschau, die Graphiken, Zeichnungen, Gemälde, Skizzen und Entwürfe beinhaltet. Die Ausstellung war vom 21. August bis zum 25. September 2022 angesetzt. Auch ein Film wurde produziert, in dem Freunde und Kunsthistoriker über Jirgal und ihr Werk sprechen.

Abb. 39: Fensterentwurf von Lucia Jirgal im Ausstellungsraum Schloss Puchheim

Besuch in der Handschriftensammlung

Leon Pürstinger

Am 17. Dezember 2022 besuchten wir, eine Gruppe Studierender der Universität Wien, im Rahmen des Masterkurses „Handschriftenkunde & Buchwesen" der Studienrichtung „Historische Hilfswissenschaften und Archivwissenschaft." die Handschriftensammlung des Stiftes Heiligenkreuz. (Historische Hilfswissenschaften und Archivwissenschaft -Master -univie.ac.at)

Nach einem beeindruckenden Rundgang durch die altehrwürdigen Mauern des Stiftes unter Leitung des Kustos P. Roman Nägele OCist führten uns Dr. Christoph Egger (Uni Wien) und Dr. Katharina Kaska (ÖNB) in die Bestandsgeschichte und Handschriftenproduktion des mittelalterlichen Stiftes Heiligenkreuz ein.

Abb. 40: Masterkurs „Handschriftenkunde & Buchwesen"

Wir erarbeiteten uns anhand von mehreren faszinierenden Originalhandschriften ausgewählte Aspekte der Kodikologie und analysierten diverse Charakteristika der Heiligenkreuzer Codices. Gestärkt durch ein ausgiebiges Mittagessen im herrlichen Klostergasthof, vertieften wir anschließend unser Wissen zu den historisch bedeutenden Handschriften des Stiftes Heiligenkreuz.

Die Arbeit mit Originalbeständen der Handschriftensammlung ermöglichte es uns nicht nur, die in der Theorie erworbenen Fähigkeiten praktisch umzusetzen, sondern auch einen umfassenden Einblick in das klösterliche Handschriftenwesen zu gewinnen. Die Exkursion war ein wichtiger und wertvoller Meilenstein unseres Studiums.

Numismatische Exkursion zum Stift Heiligenkreuz vom 11.7.–22.7.2022

Markus Greif, Alexandra Petschar, Benedikt Prokisch, Herbert Steiner, Vanessa Zumtobel

Unter dem Leitspruch „EX TOTO CORDE", der uns jeden Tag über dem Türsturz unseres Arbeitszimmers begrüßte, begannen wir im Juli 2022 die zweiwöchige Exkursion zum Stift Heiligenkreuz im Wienerwald. Unter der Leitung von David Weidgenannt, Martin Baer und Reinhard Wolters, durften wir, eine Gruppe aus erfahreneren Studierenden und „Neuzugängen" im Fach Numismatik, die antiken Münzen der Stiftssammlung wissenschaftlich bearbeiten. Die Exkursion ist Teil einer schon länger existierenden Kooperation zwischen dem Institut für Numismatik und Geldgeschichte an der Universität Wien und dem Stift Heiligenkreuz. Die Arbeit mit den Münzen des Stiftes leistet einen wertvollen Beitrag zur praktischen Ausbildung angehender Numismatiker*innen und hilft umgekehrt dem Stift bei der wissenschaftlichen Erschließung der eigenen Sammlung. Dazu werden die Münzen in einer digitalen Datenbank erfasst, die nach modernsten Standards das Münzmaterial archiviert und weltweit mit weiteren Wissensbeständen verknüpft.

Unser Aufenthalt im Stift wurde von Frau Christine Hollmann, Pater Aloysius und vor allem Pater Roman betreut, der als Kustos der Stiftssammlungen ein altbekannter Ansprechpartner für uns Numismatiker*innen ist. Er ließ es sich trotz zahlreicher anderer Verpflichtungen nicht nehmen, wann immer es ihm möglich war, nach uns zu sehen und arrangierte für uns auch ein Treffen mit Abt Maximilian Heim. Von ihm konnten wir einiges zur Stiftsgeschichte erfahren und Räumlichkeiten des Stiftes besichtigen, die uns sonst wohl verwehrt geblieben wären. An dieser Stelle möchten wir uns sehr herzlich bei allen soeben genannten Personen für die Gastfreundschaft, die hervorragenden Arbeitsbedingungen und die interessanten Gespräche bedanken.

Abb. 41: Studierende und Mitarbeiter des Instituts für Numismatik und Geldgeschichte der Universität Wien bei der Arbeit

Die meiste Zeit verbrachten wir in unserem Arbeitsraum (Abb. 41). Dieser, eigentlich das Musikarchiv, in dem historische Noten aufbewahrt werden, bot uns ausreichend Tageslicht und gewährte uns einen Blick auf den wunderschönen Garten des Kreuzganges. Mit dem Audioguide ausgestattet, konnten wir weitere Teile des Stiftes erkunden und einige von uns ließen es sich auch nicht nehmen, die Messe zu besuchen und gregorianische Choräle in akustischer Perfektion zu hören.

Der numismatische Aufgabenbereich der Exkursion lag, wie in den letzten Jahren, im Bereich der antiken Münzprägung (7. Jh. v. Chr. bis 6. Jh. n. Chr.). Wir konnten das Fotografieren und Anlegen der Datensätze zu kaiserzeitlichen Münzen dieses Jahr weitestgehend beenden. So konnten insgesamt 553 Datensätze angelegt und weitere 2322 nachbearbeitet werden. Der Fokus bei den Münzbestimmungen lag zum einen auf den Münzen des griechischen Festlandes und des Peloponnes aus vorchristlicher Zeit, zum anderen auf jenen der späteren römischen Kaiserzeit des vierten Jahrhunderts.

Abb. 42: Eine Bronzemünze (Inv. 23/10/9; Maßstab: 2:1) des Constantius II. aus dem Jahr 350 n. Chr. (Regierungszeit: 337–361 n. Chr.) mit den Beizeichen •TSΓ• auf der Rückseite unten (Vergrößerung ganz rechts). TS verweist auf die Münzstätte Thessalonika (Griechenland) und das Γ ist der Hinweis auf die Offizin, eine Untereinheit innerhalb der Münzstätte

Bei den römischen Münzen zeigte sich, dass die systematische Erfassung der häufig nur schwer zu entziffernden Beizeichen (Abb. 42), die einen genauen Hinweis auf die Herkunft der Münzen geben, in einer Datenbank eine besondere Herausforderung sein kann. Die Datenbank mit dem Namen „Eligius“ ist darauf ausgelegt, dass Einträge für Beschreibungen oder Beizeichen einheitlich gehalten werden, damit sie für möglichst viele Münzen verwendet werden können und dadurch die Such- und Auffindbarkeit der Münzen erhöht wird. Die römischen Münzen waren großteils bereits durch frühere Exkursionen vorbestimmt, wurden aber mithilfe der entsprechenden Referenzwerke kontrolliert und die Bestimmungen mitunter ergänzt und präzisiert.

Abb. 43: Eine Bronzemünze Konstantins des Großen aus den Jahren 316–317 n. Chr. (S05071; Maßstab 2:1). Auf dem Revers nur schemenhaft zu sehen ist der Gefangene links vor Sol. Die Abbildung ganz rechts zeigt das gleiche Motiv auf einer Münze in besserer Erhaltung (Roma Numismatics, E-Sale 75, 823, https://www.romanumismatics.com)

Eine besondere Herausforderung bei der Bestimmung und Beschreibung sind gerade die Prägungen, die aufgrund von Abnutzung oder Verschmutzung nicht unmittelbar identifiziert werden können. Eine spätrömische Münze, die einer Teilnehmenden wohl länger in Erinnerung bleiben wird, ist eine Münze des Kaisers Konstantin (Regierungszeit: 306–337 v. Chr.; Abb. 43). Während auf der

Vorderseite ein Teil der Legende „IMP CONSTANTINVS“ Auskunft über den Kaiser gibt, in dessen Namen die Münze geprägt worden ist und der dort auch dargestellt ist, ist die Rückseite etwas schwieriger zu entziffern. So zeigt die Münze eine stehende Figur nach links mit (von der Figur aus gesehen) erhobener rechter Hand. Links von der Figur sind Buchstaben zu erkennen, die den Anfang der Münzlegende „SOLI INVICTO“ bilden und damit zu erkennen geben, dass es sich bei dem Dargestellten um den Sonnengott Sol handelt. Ein noch genauerer Blick lässt zu Füßen von Sol noch einen Gefangenen erkennen, der eine phrygische Mütze trägt. Damit ist eine grundsätzliche Zuordnung der Münze möglich.

Doch nicht immer konnten alle Prägungen unmittelbar identifiziert werden. Die Grenzen der Bestimmung von griechischen Münzen waren hauptsächlich durch die zur Verfügung stehende Literatur gegeben. Es war zwar einiges an Literatur physisch vorhanden, online auffindbar oder bereits in digitaler Form für die Exkursion vorbereitet, jedoch konnte nicht jedes Werk zu allen Spezialgebieten aus der Institutsbibliothek mitgebracht werden. Gerade hier bietet die professionelle Fotografie der Objekte einen großen Vorteil: Es können in Zukunft bereits fotografierte Teile der Sammlung von der „Ferne“ aus bestimmt oder die Zitate erweitert werden. Allerdings sind die digitalen Möglichkeiten unter Einschränkungen zu genießen. Denn viele Objekte sind nur schlecht erhalten, sodass auf Fotos Details teilweise nicht oder nur schwer erkannt werden können. Bei der Arbeit mit den physischen Objekten konnten jedoch mithilfe von unterschiedlichem Lichteinfall den Münzen noch Details entlockt werden, die eine genaue Bestimmung teilweise erst ermöglichten. In diesen Fällen war eine Autopsie der Objekte unumgänglich.

Wir bedanken uns herzlich bei der Exkursionsleitung sowie beim gesamten Konvent und freuen uns schon auf die kommende Kampagne.

Die Zusammenführung der Graphischen Sammlung Sondierung – Bestandserhaltung – Katalogisierung – Digitalisierung

P. Roman Nägele OCist

Für unsere Graphische Sammlung war es notwendig geworden, eine dauerhafte neue „Bleibe" einzurichten. Zwei historische Räume des Archivs wurden frei. Sie gehörten zur ehemaligen Sommerprälatur des Stiftes und waren im 17. und 18. Jahrhundert vom Kammerdiener des Abtes genutzt worden. Sie wurden adaptiert und dorthin wurden mittlerweile die graphischen Blätter, die vorher in verschiedensten Räumlichkeiten (Zentralkanzlei, Kunstdepot, Stiftsbibliothek, Mehlboden, Hradschin) unsachgemäß untergebracht waren, verbracht. Von Interesse war die Erhaltung des bedruckten Bodens im Aufenthaltsraum, der mit einem Kachelofen aus der Mitte des 20. Jahrhunderts ausgestattet ist.

Zusammenführung

In der Sammlung gibt es Zeichnungen und Drucke von berühmten Künstlern, die eng mit der Geschichte des Stiftes und der Region verbunden oder ansonsten bedeutend sind; wunderschöne Architekturzeichnungen und Drucke, die davon zeugen, dass im Stift reges Interesse am Thema Baukunst herrschte; großartige Portraits, religiöse Darstellungen, bezaubernde Landschaftsbilder, bedeutende Autographen. Als Neuzugang sind die Zeichnungen der Glasmalerin Lucia Jirgal und des Universalkünstlers Richard Teschner zu nennen. Außerdem sind im Jahr 2022 durch eine Schenkung der Schwestern Servitinnen in Wien XXIII – Mauer Zeichnungen des Architekten Fritz Wotruba dazugekommen.

Die Graphiken wurden in den unterschiedlichsten Techniken ausgeführt. Es gibt originale Bleistift- und Kohlezeichnungen, sowie zahlreiche Aquarelle. Ebenso sind Holzschnitte, Kupferstiche, Radierungen und Lithographien vorhanden.

Aufarbeitung

Im Herbst 2021 wurde dann damit begonnen, die Sammlung aufzuarbeiten: Ziel ist, sie zu digitalisieren, zu katalogisieren, konservatorisch zu bearbeiten und adäquat zu lagern.

Für diese Aufgabe konnten Fachleute gewonnen werden:

Dr. Patricia Engel, wissenschaftliche Mitarbeiterin der Donau-Universität Krems und freie Unternehmerin als Restauratorin und Dr. Erwin Pokorny, Kunsthistoriker, Mitarbeiter und Lektor an der Universität Innsbruck und in der Wiener Albertina.

Dr. Pokornys Arbeit war es, die vorhandenen Blätter zu photographieren, zu katalogisieren und digitalisieren. Begonnen wurde mit den Zeichnungen, die nun großteils vollständig, manche provisorisch, bearbeitet sind. Für die digitale Präsentation wurde die Zusammenarbeit mit *museum-digital:niederösterreich* (https://www.stift-heiligenkreuz-sammlungen.at/kuenstler-und-kuenstlerinnen/) gewählt. In dieser Datenbank sind derzeit etwa 330 Objekte der Graphischen Sammlung zu finden.

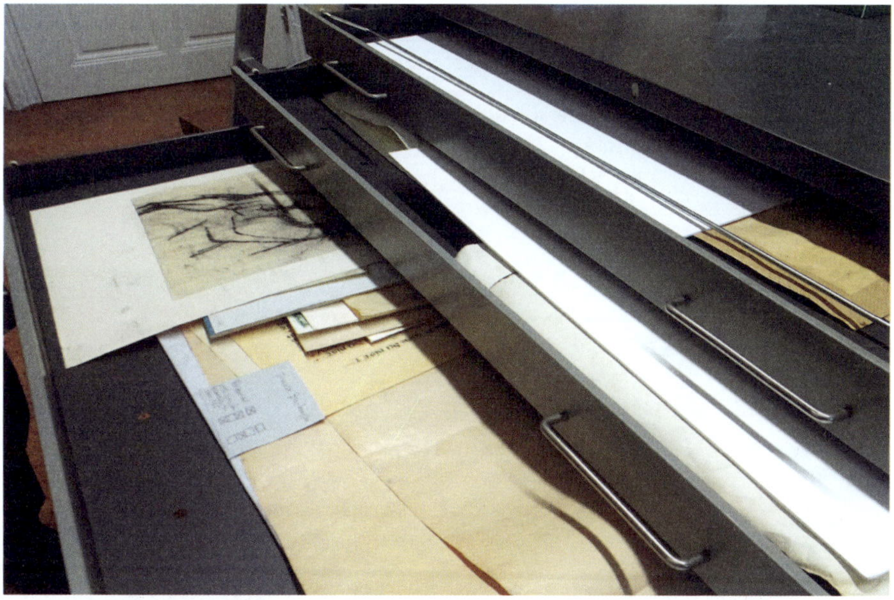

Abb. 44: Provisorische Lagerung

Bestandserhaltung

Dr. Engel hat an der Bestandserhaltung gearbeitet. Drei Aspekte waren dabei wichtig:

Die Blätter wurden mit den modernen, schonenden und nachhaltigen Methoden, auf die Dr. Engel spezialisiert ist, von Staub und Mikroorganismen gereinigt, Klebebänder, die mehr schaden als nützen, wurden entfernt. Risse wurden geschlossen, sodass man die Blätter nun wieder, ohne ein Weiterreißen zu riskieren, in die Hand nehmen kann. Brüchige Blätter wurden entsäuert, Flecken, so gut es möglich war, entfernt und Knicke begradigt. Säurefreie Mappen und Schuber wurden angefertigt, die von der auf Bestandserhaltung spezialisierte Firma Schempp verlässlich geliefert wurden. Dr. Engel war es ein wichtiges Anliegen, die Blätter museumsgerecht zu lagern. Das Passepartourieren wischempfindlicher Kohlezeichnungen und ein Weg, sie in die vorhandenen großflächigen Planschränke einzulagern, war zu finden.

Zudem haben Dr. Patricia Engel und Dr. Erwin Pokorny fortlaufende Inventarnummern neu vergeben. Nach der Beendigung der konservatorischen Maßnahmen im Hinblick auf die graphischen Zeichnungen kann mit ihnen gearbeitet werden. Es besteht nun keine Gefahr mehr, Schaden zu verursachen oder vorhandenen Schaden zu vergrößern. Auf dieser Basis kann jetzt ein Katalog erstellt werden, anhand dessen man einzelne Blätter ausheben kann.

Großzügig gefördert wurde diese Arbeit durch das Bundesdenkmalamt und die Kulturabteilung des Landes Niederösterreich.

Noch nicht bearbeitet sind die Druckgraphiken, die sich momentan noch zum Großteil im Kunstdepot befinden, sowie Werke aus den Sammlungen Lucia Jirgal, Richard Teschner und Fritz Wotruba. Dafür wird im Jahr 2023 ein neues Projekt konzipiert.

Abb. 45: Konvolut Lucia Jirgal

Wie es schon zur Tradition geworden ist, gab Kustos P. Roman Nägele OCist auch heuer wieder am Nachmittag des 26. Oktobers „Einblicke in Sammlungen des Stiftes Heiligenkreuz“.

Im Kaisersaal des Stiftes sprach Archäologin Dr. Marina Kaltenegger unter dem Titel „Der Romanische Bauteil im Westtrakt des Stiftes“. Von ihr wurden die Fundamente und historischen Gemäuer des Westtraktes befundet.

In seinem Vortrag befasste sich der Kunsthistoriker und Forscher Dr. Friedrich Polleroß, wissenschaftlicher Mitarbeiter an der Universität Wien, unter dem Thema „Der barocke Kaisersaal und die Porträts der Habsburger“[30] über diversen Abbildungen der Herrscherfamilie in Heiligenkreuz. Er verglich sie mit Gemälden in anderen repräsentativen Sälen.

Das Ensemble *dolce risonanza* unter Leitung von Florian Wieninger ergänzte das Dargestellte mit Werken von Kaiser Leopold I. und dem Hofkapellmeister Johann Joseph Fux und schuf so den musikalischen Bezug zu den kunstgeschichtlichen Ausführungen.

Abb. 46: v.l.n.r.: Altabt Gregor, Dr. Marina Kaltenegger, Dr. Friedrich Polleroß, Rektorin Ulrike Sych MDW

30 Die Repräsentation der Habsburger (1493–1806), Imhofverlag, Dezember 2022.

Arthur Paunzen, Die Seuche

P. Eugenius Lersch OCist

In der Graphischen Sammlung des Stiftes Heiligenkreuz befindet sich ein gut 100 Jahre altes, aber in Zeiten von Pandemie und Lockdown erschreckend aktuelles, ja zeitloses Kunstwerk.

Auf den ersten Blick scheint die vorliegende, rechts unten mit „Arthur Paunzen" und (evtl. von fremder Hand) mit „1919" datierte Federzeichnung (Bleistift, Feder und Pinsel mit brauner Tinte; auf Papier; Maße: 29 x 26,5 cm) ein vertrautes und vor allem leicht zu entschlüsselndes Motiv zu sein. Eine riesige, langhaarige, zum Skelett abgemagerte Personifikation der Seuche mit androgynen, eher aber ins Weibliche spielenden Zügen, nur mit einem antikisierenden Überwurf nach Art einer heidnischen Göttin bekleidet, läuft über die Erde und sät ihre todbringende Saat.

Der Kopf gemahnt an einen Totenschädel, jedoch irritieren die aufblitzenden Augen, die an ein moribundes Tier erinnern. Der Wind weht ihr entgegen, und so verleihen die Saatkörner, die Haare und das Gewand der Zeichnung eine unheimliche Dynamik. Die Figur hat die Stadt soeben hinter sich gelassen.

Abb. 47: Arthur Paunzen: Die Seuche

Eine schlanke gotische Kirchturmspitze und drei Schornsteine als Kampanile des industrialisierten 20. Jahrhunderts ragen am rechten Bildrand aus der Stadtansicht hervor. Enge, dichtgedrängte Vorstadtsiedlungen bilden den deutlich sichtbaren Stadtrand, schließen die gesamte Agglomeration wie einen Wall ab; sie bilden sozusagen den modernen Ersatz für die mittelalterliche oder frühneuzeitliche Stadtmauer samt Tor. Ziemlich genau über diesen Siedlungen (die wegen ihrer Armut, Enge und nicht zuletzt wegen ihrer schlechten hygienischen Zustände für Seuchen besonders anfällig waren), ebenfalls am rechten Bildrand, vermitteln Vögel eine trügerische Idylle: Sie können auch wie Fledermäuse oder der ägyptische Totenvogel unheilbringende Boten sein; Versinnbildlichungen dafür, dass die Seuche die Stadt besetzt und beginnt, sich auszubreiten. Der Vogelschwarm ragt ebenfalls in das kühl und rational durchorganisierte ländliche Szenario hinein, nämlich in die säuberlich parzellierten Felder. Die Seuche wird also nicht nur die „Kulturraumverdichtung" (ein soziologischer Ausdruck für eine Stadt) durcheinanderbringen, sondern auch die ländliche Idylle stören. Am linken Bildrand fallen Gewächse auf, über denen ebenfalls Vögel schweben. Es handelt sich dem Augenschein nach um unbelaubte Bäume. Auch dies könnte eine Andeutung sein. Kahlheit, Tod, Unfruchtbarkeit, ein langer Winter: das sind die Folgen der Seuche. Den Boden unter den Füßen der Todespersonifikation bildet eine schwarze halbrunde Fläche, die etwa ein Sechstel des gesamten Bildes ausmacht. Die halbrunde Fläche könnte die globalen Ausmaße einer „Pan-Demie" andeuten, aber auch die verbrannte Erde, die die Seuche zurücklässt. Die Zeichnung wurde auf dem Höhepunkt der Spanischen Grippe angefertigt, die zwischen 1918 (Ende des Ersten Weltkrieges) und 1920 wütete und bei einer Weltbevölkerung von 1,8 Milliarden Menschen zwischen 20 und 100 Millionen Todesopfer forderte. An der Influenza starben mehr Menschen als im Ersten Weltkrieg (17 Millionen Kriegstote).[31] Die Vögel könnten eine Anspielung auf das ursprüngliche Reservoir an Erregern sein, nämlich Wasservögel – vgl. den damals kursierenden Kinderreim auf einen Vogel namens Enza: „In flew Enza" („Enza flog herein") – „Influenza".[32]

Der Maler und Radierer Arthur Paunzen[33], geboren 1890, entstammte einer jüdischen Familie aus Wien. Seine Kunst ist in Vielem dem Ende des 19. Jahrhunderts, dem Fin de Siècle, verpflichtet. Er war 1919 seit einem Jahr mit Cornelia Westreich (1894–1971) verheiratet, die, wie er, jüdischer Herkunft war und aus Wien

31 Vgl. Niall P. A. S. Johnson/Jürgen Müller, Updating the Accounts. Global Mortality of the 1918–1920 „Spanish" Influenza Pandemic, in: Bulletin of the History of Medicine 76 (2002), 105–115.

32 Vgl. https://virus.stanford.edu/uda/ (letzter Aufruf: 20.10.2022)

33 Angaben zur Biographie: http://www.exlibris.or.at/?page_id=912 (mit weiteren Literaturangaben; letzter Aufruf: 20.10.2022); http://www.artoftheprint.com/artistpages/paunzen_arthur_self_portrait.htm (letzter Aufruf: 20. 10. 2022).

stammte, und stand zum Zeitpunkt der Anfertigung dieser Graphik am Anfang seiner künstlerischen Karriere; er begann damit, seine Kunstwerke in Deutschland und Österreich auszustellen. Sein Ausbildungsgang ist etwas konventionell-akademisch geprägt. Sein Lehrer in Wien war Ludwig Koch (1866–1934), der als Pferde- und Genremaler und insbesondere als künstlerischer Chronist der österreichischen Kriegsgeschichte bekannt war. In Paris erhielt Paunzen seine eigentliche kreative und künstlerische Prägung, nämlich an der Académie Julian. Diese Schule lag im 2. Arrondissement von Paris und war eine private Gründung des Malers Rodolphe Julian (1839–1907). Sie war eine bewusste Konkurrenzgründung zur offiziellen Ecole des Beaux-Arts, vermittelte aber zwischen Tradition und Avantgarde, zumal viele ihrer Lehrer berühmt waren und aus dem offiziellen Akademiebetrieb stammten. Außerdem nahm diese Schule viele Alumnen unabhängig von Alter, Geschlecht und Staatsangehörigkeit auf.[34] Paunzens Lehrer in Paris war der Maler Jean-Pierre Laurens (1875–1932). Von ihm dürfte er den Zug ins Symbolistische, Stimmungsvoll-Bedrohlich-Düstere übernommen haben, der sich durch seine Werke zieht und Vergleiche mit Alfred Kubin zulassen. Paunzens Hang zum Überschreiten der künstlerischen Gattungen (ebenfalls eher ein Zug der Kunst des späten 19. Jahrhunderts, vgl. das Wagnersche „Gesamtkunstwerk") zeigen Paunzens „Phantasien über Beethoven-Symphonien" (auch hier begegnet uns apokalyptische Todessymbolik!) und seine Illustrationen zu Gustav Mahlers Zyklus „Lied von der Erde", aber auch seine Auseinandersetzung mit Dostojewskis Romanen.

Im Jahre 1938 floh Paunzen vor Hitler nach England. Allerdings wurden 1940 alle Deutschen und Österreicher, die sich in England befanden, interniert – unabhängig von ihrem Status als Flüchtlinge. Paunzen wurde im Central Internment Camp in Douglas auf der Isle of Man festgehalten. Einige Monate später starb er an Pneumonie, wohl auch aufgrund medizinischer Vernachlässigung.

Werke von Paunzen finden sich heute in der Graphischen Sammlung Albertina in Wien, im British Museum in London, in der Princeton University Library, im Cleveland Museum of Fine Art und im Beethoven-Haus in Bonn.

Ikonographische Vorbilder für Paunzens vorliegende Graphik sind vielfältig und schwer auszumachen. Allein der Erste Weltkrieg hat viele Künstler zu mannigfachen Personifikationen von Tod, Elend oder Krankheit angeregt, beispielsweise den niederländischen Anti-Kriegs-Cartoonisten Louis Raemaekers (1869–1956), der während des Ersten Weltkriegs mehrfach das Motiv der Todespersonifikation aufgegriffen hat. Zudem konnte Paunzen auf die reichhaltige ikonographische Tradition des Totentanzes seit dem späten Mittelalter zurückgreifen, die ihrerseits

34 Vgl. Catherine Fehrer, Women at the Académie Julian in Paris, in: The Burlington Magazine 136/1100 (Nov. 1994), 752–757.

wiederum Musiker (Berlioz, Schubert, Liszt, Mussorgski, Saint-Saëns, Mahler) und Schriftsteller (Walter Scott, Goethe, Rimbaud, Rilke, Trakl, Strindberg) inspiriert hatte.

Abb. 48: Arnold Böcklin: Die Pest (Kunstmuseum Basel)

Böcklins (1827–1901) berühmtes Gemälde „Die Pest“ (1898, heute im Kunstmuseum Basel) mag ein wichtiges Vorbild für Paunzen sein, zumal sich der düstere Symbolismus Böcklins und seine Todesobsession mit Paunzens Vorlieben decken.

Literarische Inspirationsquelle (die Paunzen dann bildnerisch frei gestaltet hat) könnte ein Gedicht von Ricarda Huch (1864–1947) sein, das 1894 veröffentlicht worden ist, also auch während des Fin de Siècle, und den Titel „Tod Sämann“ trägt:

Durch ein wallend Korngefilde schreitend
Sah ich, wie ein Mann die Aehren mähte;
Aus der freien Linken aber gleitend,
Sah ich Körner, die er wieder säte.
Seltsam war ein Schnitter mir erschienen,
Der zugleich das Feld mit Samen segnet;
Da erkannt’ ich seine ernsten Mienen:
Sieh, es war der Tod, dem ich begegnet.

Eine Auswahl von Werken Richard Teschners in der Graphischen Sammlung des Stiftes Heiligenkreuz

P. Eugenius Lersch OCist

Der katholisch getaufte Böhme Richard Teschner, geboren 1879 in Karlsbad, aufgewachsen in Leitmeritz, aus einer Künstlerfamilie stammend (einziges Kind des Lithographen Karl Teschner), gestorben 1948 in Wien, ist nicht ganz einfach einzuordnen. Das hat seinen Grund natürlich darin, dass er in einer Epoche geprägt wurde und gewirkt hat, in der in Wien sowohl architektonisch als auch bildkünstlerisch Spitzenleistungen erbracht wurden – modern ausgedrückt, war er Teil des kreativen *flows* der Wiener Moderne, und zwar sowohl in ihrer Ausprägung als Fin-de-Siècle-Kunst als auch in ihrer eher modernistischen, avantgardistischen Prägung (Secession, Wiener Werkstätte). Teschner blieb allerdings zeitlebens wohl eher der geheimnisvoll-hermetischen, der auf Innerlichkeit, symbolistischen Formenreichtum abzielenden, leicht dekadente Weltabgewandtheit favorisierenden Richtung der Wiener Moderne verpflichtet; er hat es sich – überspitzt ausgedrückt – in einem wohlstilisierten hohepriesterlichen Außenseitertum eingerichtet.

Er war kein *enfant terrible* der Kunstszene, das durch Skandale Aufsehen erregt hätte; vielmehr legte er auf demonstrative Bescheidenheit und Arbeit im Verborgenen Wert. Einen Schülerkreis hat er nicht gebildet, vielmehr einen elitären Zirkel um sich versammelt. Sein Theater befand sich in der Gersthofer Vorstadt – die Stadt Wien hat ihm zeitlebens kein geeignetes Theater zur Verfügung stellen können oder wollen.

Die Literaturlage zu Teschner ist entsprechend überschaubar. Teschners Karriere verlief besonders in ihren Anfängen alles andere als geradlinig und einfach.[35] Seine Versuche, künstlerisch Fuß zu fassen, scheiterten zunächst, stets fühlte er sich beengt und in seinen Möglichkeiten beschnitten. Das gilt für sein Studium an der Prager Kunstakademie von 1895 bis 1899; das gilt (nach Ablehnung an der Wiener Kunstakademie) für sein Studium an der Wiener Kunstgewerbeschule unter Felician von Myrbach ab 1899. Sein Misserfolg (er zog einstweilen wieder nach Leitmeritz zu seinen Eltern) führte allerdings dazu, dass er sich eine breite Palette künstlerischer Fähigkeiten selbst aneignete: Er wirkte als Maler, Graphiker (auch Plakate und Exlibris), Bildhauer, Bühnen- und Kostümbildner sowie als Regisseur

35 Die biographischen Angaben beruhen auf folgender Diplomarbeit an der Universität Wien: Martina Meiderle, Richard Teschner 1879–1948. Maler Graphiker und Kunsthandwerker. Studien anhand von ausgewählten Beispielen, Wien 2013.

und Filmemacher. Weder die Anfertigung von Gobelins, Tapetenentwufzeichnungen oder Mosaiken noch die Kunst der Innenausstattung waren ihm fremd.

Diese Vielseitigkeit sollte ihn für den Rest seines Lebens prägen. Sein Biograph Arthur Roessler schrieb über ihn 1947, also noch zu seinen Lebzeiten: „Teschner ist Maler in Öl, Tempera, Aquarell, Graphiker auf Metall, Stein, Glas und Holz, das heißt: er ist Radierer, Lithograf und Holzschnittkünstler; er ist außerdem Bildhauer in jedem für plastische Gestaltung tauglichen Stoff, wie Erz, Ton und Holz; er ist Modelleur und Gießer, Schmied, Zieseleur [!] und Graveur; Edelsteinschleifer und Drucker; Tischler und Lautenbauer; Kostümschneider und Perückenmacher; Bühnenkonstrukteur und Beleuchtungstechniker; Mechaniker und Filmoperateur; Gobelinweber und Architekt von Innenräumen und – so ‚nebenbei' noch Dichter, Musiker, Biologe, Chemiker, Astronom, Astrologe, Occultist [!], Kunstsammler, Kenner und Schätzer verschollener und entlegener Kulturen, Wiederbeleber und Neuentdecker und mancherlei anderes noch."[36]

Nachgerade erfolgreich gestaltete sich sein zweiter Wien-Aufenthalt von 1909–1912: Hier arbeitete er für die Wiener Werkstätte.

Ab 1912 konnte sich Teschner dem widmen, was er wohl als sein Hauptwerk ansah und dessentwegen er auch Berühmtheit und internationalen Erfolg erlangte: seine sog. Figurenbühne, eine Art Marionettentheater – inspiriert von javanesischen Wajangfiguren. Diese Figurenbühne eröffnete ihm eine Reihe künstlerischer Möglichkeiten und Notwendigkeiten in der Gestaltung. Teschner hat dieses sein Werk sicher als sein Hauptwerk angesehen; und ähnlich lautet die Forschungsmeinung bis heute. Die Kunstform des Marionettentheaters wird in vielen Teilen der Welt als hohe Kunstform geschätzt; im deutschsprachigen Raum wird das Puppentheater aber wenig ernstgenommen, was der Tradition des Kasperltheaters geschuldet ist; diese Form des Puppentheaters ist Teschner in der Tat zu grob und provinziell, und er versucht, etwas qualitativ Hochwertiges dagegenzusetzen. Teschner war nicht nur international erfolgreich (Gastspiel in London) und populär, sondern hatte privat doppeltes Glück: Zum einen war er kriegsuntauglich und musste deshalb an den beiden Weltkriegen nicht teilnehmen. Zum anderen war er seit 1911 mit einer 11 Jahre älteren Frau verheiratet, die ihn nicht nur in die bedeutendsten Künstlerkreise seiner Zeit eingeführt, sondern ihm auch finanzielle Unabhängigkeit (zumindest bis zum Ersten Weltkrieg) und volle Unterstützung bis zu seinem Tod 1948 in Wien gewährt hat. Er war, was Aufträge anbelangte, ausgelastet und konnte es sich leisten, vieles abzulehnen.

Seine Frau, Emma Bacher-Paulick (1868–1953), war die Tochter des k. u. k. Hoftischlermeisters Friedrich Paulick (1824–1904). Friedrich Paulick spielte nicht nur eine gewichtige Rolle im offiziellen Kunstbetrieb der Wiener Ringstraßen-

36 Arthur Roessler, Richard Teschner, Wien 1947, 21–22.

zeit, sondern war auch der Erbauer der Villa Paulick in Seewalchen am Attersee (1867–1877), in der zahlreiche Personen des kulturellen Lebens seiner Zeit zur Sommerfrische oder künstlerischen Inspiration verkehrten, u.a. Gustav Klimt und seine Geliebte Emilie Flöge. Außerdem war Emma Bacher-Paulick die Witwe des 1907 verstorbenen Paul Bacher, eines Juweliers und Galeristen (Galerie Miethke/Palais Eskeles/heute Jüdisches Museum), der die Exklusivverkaufsrechte der Werke Klimts und Kokoschkas innehatte. Richard Teschner hatte besonders seiner Frau den Zugang zu exklusiven Künstlerkreisen zu verdanken. Ihr zuliebe konvertierte er zum Protestantismus.

Die Stadt, die ihn wahrscheinlich künstlerisch nachhaltig geprägt hat, war Prag. Während seines Studiums in Prag, buchstäblich während des Fin de Siècle, sog er die okkulte, geheimnisvolle Atmosphäre dieser Stadt auf, die ihn sein Leben lang prägen sollte – also die Stadt Rabbi Löws und des Golem sowie Kaiser Rudolfs II.- offensichtlich wurde Teschner bereits in Prag in okkulte Lehren eingeweiht und beschäftigte sich mit Buddhismus und Anthroposophie.

Das Stift Heiligenkreuz[37] besitzt ein großes, bis jetzt noch nicht aufgearbeitetes Konvolut in seiner Graphischen Sammlungen, das Einblick in das zeichnerische Oeuvre des Künstlers gewährt. Auch wenn es sich wohl nach Ansicht des Künstlers um Nebenprodukte seines Schaffens handelt, bietet es interessante Einblicke in das künstlerische Selbstverständnis Teschners: Die Zeichnungen eröffnen eine symbolistische Denkwelt, fernab des Realismus des 19. und der Abstraktion des 20. Jahrhunderts. Teschner taucht in eine vormodern-mythische, archetypische Welt ab, geprägt von interkultureller Eklektik, mystischer Tiefenschärfe und einer Verbindung zu intrapsychischen Ur- und Abgründen. Richard Teschner nimmt nur wenig Bezug auf die traditionelle christliche Ikonographie, stattdessen lässt er sich von der esoterischen und okkulten Tradition des Abendlandes inspirieren. In dieser Hinsicht ist er in der Tat ein Außenseiter der Kunst der ersten Hälfte des 20. Jahrhunderts; ein eher in den Kategorien des Fin de Siècle denkender Kunstschaffender; auch seine Betonung handwerklicher Perfektion, seine Expertise in vielen verschiedenen Sparten künstlerischer Betätigung zeugen von einer sehr vormodernen Haltung der Kunst gegenüber – er steht in der Tradition der spätmittelalterlichen deutschen Künstler-Handwerker wie Albrecht Dürer. Teschners priesterliches Auftreten (lange, wallende schwarze Gewänder nach Art einer Soutane) lässt Parallelen zu dem Münsteraner Maler, Graphiker und Buchkünstler Melchior Lechter (1865–1937) zu, der Mitglied der Theosophischen Gesellschaft war und für Gruppen wie den George-Kreis tätig war.

37 Das Konvolut von Richard Teschner stammt aus dem Besitz von Lucia Jirgal, die es in einem notariell beglaubigten Schenkungsvertrag P. Roman Nägele (damals OSB) überschrieb.

Der Bestand in Heiligenkreuz ergibt folgendes heterogenes Bild: Neben konventionellen Porträts, Illustrationen, Skizzen und Gelegenheitsarbeiten (Einladungen und Ex Libris) finden sich weibliche Aktdarstellungen, weibliche Personifikationen und Allegorien, fernöstliche Motive, Bühnenbild- Buchumschlagentwürfe, ornamentale Etüden. Teschner arbeitet nicht nur in einer Mixtur verschiedenster Stile (von Biedermeier bis zum Symbolismus), sondern bedient sich unterschiedlichster Materialien. Martina Meiderle schreibt zu seinem schwer zu fassenden und kaum auf einen einheitlichen Nenner zu bringenden graphischen Werk: „Inmitten seiner reichen indischen Sammlungen, seiner Spieluhren und Musikinstrumente und den javanischen Schattenspielfiguren ... belebten zierliche Kleinplastiken, bernsteinäugige Göttinnen, wundersame Glasmännlein neben zahlreichen anderen Kostbarkeiten aus ostasiatischem Elfenbein und seltenen exotischen Hölzern seine Werkstatt."[38] Ihr ist recht zu geben, wenn sie schreibt, er habe um sich eine Art exotische Kunst- und Wunderkammer nach der Art der Renaissance- und des Barockfürstenhofs geschaffen; zudem hatte sein Experimentalstil etwas betont Manieristisch-Alchimistisches, nach Art eines Rudolfinischen Prager Hofkünstlers.[39]

Hier einige Beispiele aus dem Oeuvre

Eine undatierte Bleistift- und Federzeichnung mit schwarzer Tusche auf Transparentpapier, evtl. ein Entwurf für ein Exlibris[40], zeigt diesen Hang Teschners ins Symbolisch-Mythologische. Er bildet in der Mitte ein Oval ab, in dessen Zentrum sich ein stark stilisierter Baum, an dem sechs Früchte hängen, befindet. Die Äste des Baumes muten sichelförmig an, sodass der Baum fast einer Staude gleicht, von der man Schicht für Schicht herunterschält. Um das untere Drittel des Baumes rankt sich eine Schlange. Zu sehen ist das Horaz-Zitat *„Qui miscuit utile dulci"* (Wer Nützliches mit Süßem mischt –siehe Abb. 26). Das Zitat stammt aus der Ars poetica und lautet vollständig: *„Omne tulit punctum, qui miscuit utile dulci"* („Allen Beifall erntet, wer Nützliches mit Süßem mischt"). Das Blatt lässt viele Deutungen zu: Das Lehrgedicht des Horaz, das eine der bedeutendsten Poetiken der Antike und darüber hinaus werden soll, stellt das Ideal des Poeta doctus in den Vordergrund, fernab des ungebärdigen Genies. Dies könnte das künstlerische Selbstverständnis Teschners andeuten; die Schlange, die sich um den Baum rankt, entstammt der christlichen Ikonographie: Ist der gelehrte Dichter gottgleich, das Gute und Böse erkennend, und deshalb der Ursünde menschlicher Selbsterhebung aufgesessen? Ist der Künstler derjenige, der in erdichtete Phantasiewelten flieht und die Menschen mit Scheinwelten um wahre Erkenntnis ihrer selbst be-

38 Vgl. Meiderle, 17–18
39 Ebd., 18.
40 https://noe.at.museum-digital.org/object/293

trügt? Ist der *Caduceus*, der Hermesstab, dargestellt: Hermes oder Mercurius, der Dieb, Betrüger (*merces*), Gaukler, Artist, Magier und Illusionist?

Abb. 49: Richard Teschner: Homuncula

Ein weiteres, undatiertes Motiv spielt ebenfalls mit alchemistischen oder okkulten Symbolen: Es handelt sich um den Entwurf für eine Homuncula.[41] Eine fantastische Laborsituation ist dargestellt; die Erschaffung des Homunculus ist ein seit dem Spätmittelalter häufig auftretender Topos – von Paracelsus über Robert Fludd und Roger Bacon (Nova Atlantis). Im beginnenden 19. Jahrhundert soll-

41 https://noe.at.museum-digital.org/object/261

ten mit Frankenstein und Faust II zwei epische Werke entstehen, die diesen Gedanken literarisch am ausführlichsten entfalten. Mit dem Motiv einer künstlich erschaffenen Frau spielt Teschner zudem auf erotische oder Liebessehnsüchte an – eine immer verfügbare Helferin.

Abb. 50: Richard Teschner: Allegorie einer Erdgöttin

Eine Frauengestalt als Erdgöttin[42] vereint phantastische, an modern-abstrakte Vorbilder angelehnte Schraffur mit einer Vielfalt von Motiven. Die Göttinnengestalt erinnert eher an eine fernöstliche Gottheit. Auch hier macht sich der synkretistische, eklektische Zug Teschners bemerkbar.

Abb. 51: Richard Teschner: Traumbild

42 https://noe.at.museum-digital.org/singleimage?imagenr=471

Ein explizites Traumbild (1935)[43], das mehrere sakrale Architekturveduten, nackte Frauen- und Männergestalten, zellartige Strukturen wie von einer Mikroskopaufnahme, Wolken und eine monströse Gestalt erkennen lässt, ist eine Illustration der phantastischen, für Verborgenes und Abgründiges empfänglichen Motivwelt des Künstlers.

Dies sind nur drei Beispiele, die die motivische Breite und symbolische Tiefe eines zu seiner Zeit berühmten Künstlers illustrieren. Eine Aufarbeitung des Konvolutes könnte weiteres Licht in das geheimnisvolle Dunkel des Magiers von Gersthof bringen.

43 https://noe.at.museum-digital.org/singleimage?imagenr=478

Sonderbriefmarke der Österreichischen Post AG Paulusinitiale „M“

P. Roman Nägele OCist

Abb. 52: Paulusinitiale (Codex 26)

„**M**ultipharie multisque modis olim deus ...“

„Vielfältig und auf vielerlei Weise hat Gott einst zu den Vätern gesprochen durch die Propheten ...“

Heb 1,1

Diese Initiale stammt aus Codex 26 und ist auf Folio 170r(ecto) zu sehen. Dieses kleinformatige Kunstwerk findet sich im Bibelkommentar des Petrus Lombardus. Die Buchmalerei in diesem Codex zeigt kein einheitliches Erscheinungsbild. Grundsätzlich sind figürliche (in Deckfarben ausgeführte) Initialen, wie im vorliegenden Kommentar, nur selten in den Handschriften des Stiftes Heiligenkreuz vertreten. Der Entstehungsort ist die Schreibstube des Stiftes. Die Entstehungszeit ist im dritten Viertel des 12. Jahrhunderts nachzuweisen, da durch Schriftverglich die Schreiber der Handschrift in einer Reihe weiterer Manuskripte des Stiftes im genannten Zeitraum festgestellt werden können. Ein spätestens 1147 entstandenes Bücherverzeichnis des Stiftes belegt, dass das Stift wohl schon wenige Jahre nach seiner Gründung 1133 über eine leistungsfähige Schreibstube verfügte, in der bis zum oben genannten Zeitraum bereits mehrere Dutzend Manuskripte kopiert worden waren. Sohin ist auch dieser Bibelkommentar eine Kopie. Heute verwahrt das Stift 577 Manuskripte, d. h. handgeschriebene Bücher. Zudem werden 30 aus Heiligenkreuz stammende Handschriften in fremden Bibliotheken (vornehmlich ÖNB) verwahrt. Von den insgesamt 380 mittelalterlichen (also vor 1500 entstandenen) Codices sind etwas mehr als 200 bereits in den ersten hundert Jahren des Bestehens der Zisterze Heiligenkreuz entstanden.

Die Österreichische Post AG hat im Jahr 2022 die Briefmarkenserie „Sakrale Kunst“ fortgesetzt. Über Vermittlung des Österreichischen Philatelistenvereins St. Gabriel wurden wir eingeladen, ein Motiv vorzuschlagen. Zur großen Freude unseres Hauses wurde das oa Motiv akzeptiert und als Sonderbriefmarke herausgegeben. Entwurf und Ausführung stammen von Graveurmeisterin Kirsten Lubach. Am Samstag, dem 17. September wurde während einer kleinen Feier im Kaisersaal die Sonderbriefmarke der Öffentlichkeit präsentiert.

5. Teil: Musik

Über: P. Johannes Paul Chavanne OCist: Wie der Himmel klingt. Eintauchen in die Musik der Stille mit dem Gregorianischen Choral

Daniel Schmidt

Der Titel dieser Neuerscheinung über den Gregorianischen Choral erhebt im Hinblick auf den besagten Gesang einen gewaltigen Anspruch: Dass wir es hier mit der Musik des Himmels zu tun haben. Handelt es sich bei dieser Formulierung bloß um eine figurative Übertreibung – wie man zunächst durchaus annehmen könnte -, oder steckt möglicherweise mehr dahinter? Ist der Gregorianische Choral eine Art von geistlicher Musik unter vielen, die im Hinblick auf ihren spirituellen Gehalt und insbesondere ihre Eignung für die Liturgie der Kirche im Grunde genommen gleichwertig und somit beliebig austauschbar sind, oder besitzt er Qualitäten, die ihm in Bezug auf die genannten Kriterien ein Alleinstellungsmerkmal verleihen?

Die römisch-katholische Tradition hat den Gregorianischen Choral, seit seiner Entstehung aus dem Vollzug der Liturgie und für die Liturgie, immer als den ihr in unvergleichlicher Weise zugehörigen und angemessenen Gesang betrachtet, was auch vom Zweiten Vatikanischen Konzil klar bestätigt worden ist (SC 116). Die Realität bei den gottesdienstlichen Feiern zeigt hingegen in den allermeisten Kirchen leider ein ganz anderes Bild: Der Gregorianische Choral – angesehen als ein archaisches, schon aufgrund der lateinischen Sprache unverständliches Relikt – ist weitgehend dem Gesang mehr oder weniger angemessener volkssprachlicher Lieder gewichen. Viele Geistliche scheuen seinen Einsatz in der Liturgie, oft aus Angst, die Gläubigen zu überfordern – wie der Rezensent aus seiner eigenen langjährigen Erfahrung als Kirchenmusiker weiß. Aber liegt nicht vielleicht gerade in den Aspekten, die vielen Menschen bei der Begegnung mit dem Gregorianischen Choral zunächst „fremdartig" erscheinen, dessen eigentlicher Reichtum, der nur darauf wartet, ihnen in angemessener Weise erschlossen zu werden, damit sie daran teilhaben können?

Dieser wahrhaft notwendigen Aufgabe widmet sich das vorliegende Buch. Es nimmt den Leser gleichsam an die Hand und führt ihn in die Welt des Gregorianischen Chorals ein. Dabei wird keinerlei liturgisches oder musikalisches Wissen vorausgesetzt, vielmehr werden immer wieder auch elementare Zusammenhänge leicht verständlich erklärt. Der Autor P. Johannes Paul ist als Mönch des Stiftes Heiligenkreuz an einem Ort, wo der Gregorianische Choral „im Rahmen des

Gottesdienstes so authentisch und echt zu erleben“ *(70)*[44] ist wie an wenigen anderen Orten auf der Welt, wie er nicht ohne berechtigten Stolz anmerkt – und er ist außerdem Dozent für Liturgiewissenschaft an der Philosophisch-Theologischen Hochschule Benedikt XVI.

Sein Zugang zum Gregorianischen Choral ist ein ganz und gar praktischer: Er ergibt sich aus seiner täglichen Praxis in den Gottesdiensten der Mönchsgemeinschaft, in Stundengebet und Heiliger Messe. Ein umfangreicher Bildteil mit Eindrücken aus dem liturgischen Leben im Kloster Heiligenkreuz gleich am Beginn des Buches, sowie die stets unterhaltsame und kurzweilige Erzählweise des Autors, der das Gesagte immer wieder mit interessanten Details und Anekdoten illustriert, ermöglichen es dem Leser, in diese Welt einzutauchen. Mittels QR-Codes lassen sich ansprechende Videos der „singenden Mönche“ öffnen, so dass der Gegenstand des Buches auch „live“, hörend und sehend, erlebt werden kann. Einige bekannte Gesänge sind, samt einer kurzen Einführung in Text und (liturgischen) Kontext, mit Noten abgedruckt und laden so den Leser unmittelbar zum Mitsingen ein – sofern sie mit Videos verlinkt sind, auch denjenigen ohne Notenkenntnisse.

Worin liegt nun der einzigartige Charakter des Gregorianischen Chorals begründet, der ihn gleichsam als „Vorwegnahme des Himmels“ erscheinen lässt? Um diesem Geheimnis auf die Spur zu kommen, unternimmt P. Johannes Paul einen weit ausholenden Streifzug durch die Geschichte des Umfeldes, in dem der Gregorianische Choral wachsen und gedeihen konnte. Die Ursprünge von Melodie und Rhythmus überhaupt kommen ebenso zur Sprache wie die Wurzeln des Choralgesangs im durch die Urchristen aus dem Gottesdienst der Synagoge übernommenen Psalmengesang und bei den Mönchsvätern in der ägyptischen Wüste, die Herausbildung des Gregorianischen Chorals in der heute bekannten Gestalt im Frankenreich der Karolinger, die Entwicklung seiner schriftlichen Überlieferung, die zentrale Bedeutung des durch den heiligen Benedikt von Nursia begründeten abendländischen Mönchtums für den Aufbau der europäischen Zivilisation und Kultur, die Entstehung des Zisterzienserordens und die Geschichte von Heiligenkreuz als einer seiner ältesten Niederlassungen, sowie das heutige Leben der Heiligenkreuzer Mönche im Stift; es wird auch erzählt, wie sie den Gregorianischen Choral in die Pop-Charts gebracht haben. Bei alledem gelingt es dem Autor, den Leser für die zeitlos gültigen Prinzipien, Lebens-Haltungen und Werte, an denen sich christliche Mönche seit jeher ausrichten – und die von

44 Seite 70 des rezensierten Buches. Weitere Zahlenangaben in Klammern beziehen sich analog auf Seiten des rezensierten Buches: Pater Johannes Paul Chavanne, Wie der Himmel klingt. Eintauchen in die Musik der Stille mit dem Gregorianischen Choral, Wien – Graz 2022, Molden Verlag in der Verlagsgruppe Styria GmbH & Co KG, 192 S., ISBN 978-3-222-13677-1

jedem Menschen, angepasst an seine konkreten Lebensumstände, auch außerhalb des Klosters fruchtbringend angewandt werden können -, zu begeistern, und zu zeigen, wie diese im Gregorianischen Choral ihren vollkommenen, klingenden Ausdruck finden. Entstanden, indem Mönche das Wort Gottes „in Stille meditiert, betrachtet und vorgetragen haben" *(35)*, führt der Gregorianische Choral hinein in die Erfahrung einer anderen, unbekannten Welt „des Ewigen, des Friedens und in die Wirklichkeit Gottes" *(26)*. Die Ausrichtung auf das Übernatürliche bildet den Nährboden für seinen einzigartigen Charakter, der dieses Übernatürliche als Wirklichkeit erfahrbar werden lässt. Deshalb fehlt ihm auch alles äußerlich Spektakuläre, Aufreizende, Sensationelle, gefällig Unterhaltende, die Eitelkeit, Geschäftigkeit und Schnelligkeit dieser Welt. Deshalb scheiden sich auch an ihm die Geister.

Abb. 53: Buchpräsentation – Kaisersaal

Das Buch gibt vielfältige Impulse, wie jeder aus dem reichhaltigen Schatz des Gregorianischen Chorals, gleichsam als einer „Summe christlicher Spiritualität" *(133)*, schöpfen kann – hörend, meditierend, singend einstimmend. Der Leser wird ermutigt, sich auf das Abenteuer des Gregorianischen Chorals einzulassen, und erhält hierzu eine Zusammenstellung mit weiterführender Literatur sowie Noten-Ausgaben an die Hand, verbunden mit konkreten Tipps, wie man an jedem Ort, namentlich in jeder Pfarre, damit beginnen kann. Möge die am Ende des Buches stehende Aufforderung breites Gehör finden: *Just do it!*

Pater Johannes Paul Chavanne, Wie der Himmel klingt. Eintauchen in die Musik der Stille mit dem Gregorianischen Choral, Wien – Graz 2022, Molden Verlag in der Verlagsgruppe Styria GmbH & Co KG, 192 S., ISBN 978-3-222-13677-1, 25,00 €.

Auch online über den Klosterladen erhältlich: *https://www.klosterladen-heiligen-kreuz.at/produkt/wie-der-himmel-klingt-eintauchen-in-die-musik-der-stille-mit-dem-gregorianischen-choral/*

Musik und Mystik
Mystik, Spiritualität und Ästhetik im Hinblick auf die Musiktradition des Christentums ins Europa

P. Wolfgang Buchmüller OCist

Sosehr die Begriffe Mystik, Spiritualität, Ästhetik und Christentum angesichts der Musiktradition Europas eine unlösbare Einheit zu bilden scheinen, diese Geschichte mit all ihren unleugbaren Höhepunkten könnte an einen unwiderruflichen Scheidepunkt gelangt sein, an dem diese glückliche Symbiose in Gefahr ist, zu zerbrechen. Wenn auch eine unleugbare Affinität zwischen den Erlebnisbereichen der Mystik und der Musik in ihrer ursprünglichen religiösen Funktion feststellbar ist, scheint die gegenwärtige Kulturpolitik Europas diese Entwicklung nicht weiterführen zu wollen. Dies liegt zum einen in den künstlerischen Tendenzen nach 1968, die entschlossen mit einem als bürgerlich empfundenen Schönheitsbegriff demonstrativ gebrochen haben und sich allein dem Unsagbaren, Undarstellbaren, Bildlosen und Abstrakten in provokativer Manier verschrieben haben. Eine atonale Tonkunst tendiert ebenso wie die darstellende Kunst zur Bildlosigkeit, da sie das Emotionelle, Ekstatische und Freie und Gelöste nicht mehr angemessen in einer für die Allgemeinheit verständlichen Form transponieren kann.

Ein weiterer gewichtiger Faktor für diese Entwicklung ist aber durch die innerkirchliche nachkonziliäre Krise der Kirche gegeben, die auch ihre Rückwirkungen auf die Musikkultur hat. Daher sei hier ein Blick auf die innerkirchliche Debatte der letzten sechzig Jahre gestattet. Der Disput über die Kirchenmusik lässt sich zumindest bis zu den Konzilstexten und deren Auslegung zurückverfolgen. Die Liturgiekonstitution Sacrosanctum concilium hatte noch in Nummer 114 ausdrücklich erklärt: „Der Schatz der Kirchenmusik möge mit größter Sorge bewahrt und gepflegt werden." Ganz anders liest sich aber der halboffizielle Kommentar von Karl Rahner und Herbert Vorgrimler, denn hier deutet sich bereits ein Bruch mit der bisherigen Kirchenmusiktradition und -praxis an. Dort heißt es, echte Kunst, wie sie in der Kirchenmusik vorliege, „sei von ihrem esoterischen Wesen her mit dem Wesen der Liturgie und dem obersten Grundsatz der Liturgiereform kaum in Übereinstimmung zu bringen."[45]

So sperrig diese Trennung und Unterscheidung zwischen einer elitären Kirchenmusik als Hochform der Kunst und einer gottesdienstlichen Gebrauchsmusik

45 Vgl. Karl Rahner/Herbert Vorgrimler, Kleines Konzilskompendium, Freiburg ^{2}1967, 48.

wirkt, sie hat in den eher vermittelnden Konzilstexten eine gewisse Grundlage, da dort das pastorale Anliegen der aktiven Teilnahme der Gläubigen in allen Punkten betont wird. Gilt es nun zwischen einer liturgischen Gebrauchsmusik, die im Extremfall – wie Josef Ratzinger sagt – zur liturgischen Schnulze degenerieren kann, und einer esoterischen Kunst zu wählen, die so elitär ist wie ihr Anspruch und daher für eine gottesdienstliche Verwendung nicht in Frage kommt? Da diese Entscheidung aber nicht ohne ideologischen Hintergrund weithin gegen die Kirchenmusik gefallen ist, wird auf breiter Ebene eine Verarmung, Verflachung und Banalisierung der Gottesdienste beklagt.

Dazu kommt die lange Tradition alttestamentlicher und christlicher Kult- und Kunstkritik, die sich oft zuungunsten der Kirchenmusik ausgewirkt hat. Dessen ungeachtet, haben Jesus und seine Jünger beim Pascha noch das große Hallel gesungen, während Paulus noch im Kolosserbrief die Gemeinde recht ungezwungen aufgefordert hat: „Singt Gott in eurem Herzen Psalmen, Hymnen und Lieder, wie sie der Geist eingibt, denn ihr seid in Gottes Gnade (Kol 3,16)“. Dennoch lässt sich in der frühen Kirche eine zunehmend kritische Haltung gegenüber Instrumentalmusik und Gesangskunst feststellen.

Spricht die älteste Sammlung von christlichen Gesangstexten, die sog. Oden des Salomon, im 1. Jh. noch selbstverständlich von Musikinstrumenten und sogar von liturgischem Tanz, was im Übrigen auch von einigen Märtyrerakten wie der Passio der Caecilia gilt, wird unter dem Einfluss der ägyptischen Wüstenmönche Gesang und Kunst in der Kirche zunehmend stigmatisiert. Es gelte, dass man Gott mehr durch das Schweigen der Kontemplation und durch den Geist ehren könne als durch Gesang.

Der in einem Kloster bei Bethlehem lebende Hieronymus führte hierzu aus, dass man Gott nicht mit der Stimme, sondern mit seinem Herzen loben solle. In der Kirche sollten nicht wie im Theater kunstvoll gedrechselte dramatische Melodien und Gesänge, vorgetragen von professionellen Sängern, erklingen. Die Kirche sei nicht die Bühne.[46] Dennoch ist bemerkenswert, dass Hieronymus doch offensichtlich Zeuge solcher Gesangsaufführungen geworden war. Zu vermuten ist, dass dies in seiner Zeit in Rom, einer damaligen Kulturhauptstadt des Imperiums, geschah, einer Stadt, in der zweihundert Jahre später das sog. Antiphonale Gregorianum von Papst Gregor II. (715–731) herausgegeben wurde, mit dem sog. gregorianische Choral Europa erobern konnte. Damit aber wurde der Gesang in der Kirche zur Kunstform erhoben.

46 Vgl. Hieronymus, Comm. in ep. Ads Eph III 5 (PL 26,528 C-D).

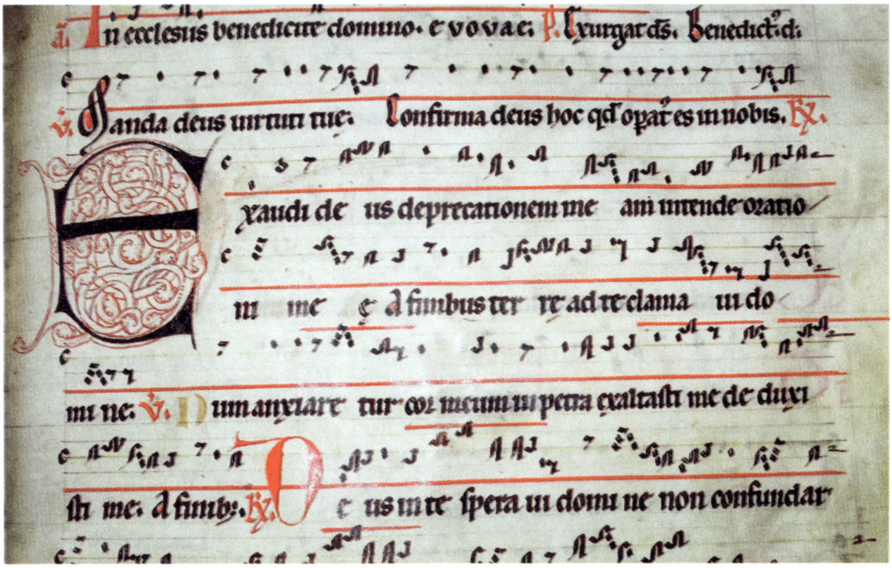

Abb. 54: Neumen (Handschriftenkammer)

Die kunstkritische Haltung des Hieronymus und anderer Kirchenväter führte auch zur Verbannung der Musikinstrumente aus der Kirche, ein Verbot, das sich ungefähr tausend Jahre lang halten konnte. Selbst Thomas von Aquin, zu dessen Zeit längst Orgeln, Pfeifen und Geigen Einzug in den Kirchenraum gefunden hatten, wiederholt dieses apodiktische Urteil noch Jahrhunderte später in seiner *Summa theologiae*: „Die Kirche ankennt den Gebrauch von Musikinstrumenten für den Gottesdienst nicht [...], um auch nicht den Anschein eines Rückfalls in das Jüdische zu erwecken."[47]

Nicht wissend, dass gerade dieses Verbot der Musikinstrumente aus der jüdischen Reformbewegung der Pharisäer übernommen worden war, gab Thomas den Topos wieder, dass das fleischliche Gesetz des Judentums, d.h. der jüdische Tempelkult mit seiner die Sinne ansprechenden Tempelmusik, durch das Christentum nochmals gereinigt und vergeistigt werden müsse.[48] Thomas, der an anderer Stelle der Musik über das affektive Stimulieren zum Gotteslob doch eine hervorragende Rolle zumisst, „um andere zu Lobe Gottes zu provozieren",[49] ist sich offenbar nicht bewusst, dass er mit seiner Ablehnung der Rolle der Musikinstrumente seiner eigenen Philosophie widerspricht, die gerade dem Leiblichen

47 Thomas von Aquin, S. th. II-II q 91 a 2 opp. 4.

48 Vgl. Josef Ratzinger, Zur theologischen Grundlegung der Kirchenmusik; in: JRGS 11, 499–526, 508.

49 Thomas von Aquin, S. th. II – II 91 a 1 ad 2: „[...] ad provocandum alios ad laudem Dei."

und der Schönheit und Gutheit der Schöpfung ihre eigene Würde zuerkennt und als solche die Vergöttlichung durch die Gnade Gottes ermöglicht.

Hinzu kommt der Einfluss der Musikkritik der antiken griechischen Philosophie. Aristoteles hatte versucht, Kriterien zu finden, um herauszustellen, welche Art von Musik dem Menschen bei seiner ethischen Reifung helfe. Dabei führt er aus, dass Musik, wenn sie durch Rhythmus, Melos und Tanz eine Ekstase der Sinne herbeiführen will, wie dies bei der orgiastischen und pathetischen phrygischen Musik der Fall sei, dem geistigen Menschen zur Verführung und zur Falle wird. Zu empfehlen sei hingegen die lydische Musik, die durch ihre Vereinigung von Schönheitssinn und erzieherischem Gehalt pädagogisch wertvoll sei und gegenüber der dorischen Musik den Vorteil aufweise, die Sinne des Menschen anzusprechen.[50]

Damit sich aber die abendländische Musikkultur ausbilden konnte, musste erst das Konzil von Trient festhalten, dass es auch eine Musik – sowohl gesanglich als auch instrumental – gebe, die die Herzen der Zuhörer zur Sehnsucht nach der Himmlischen Harmonie und nach der Freude der Seligen im Himmel hinreiße (*rapiantur*).[51] Hierbei ist zu beachten, dass es sich bei dem Wort *rapiari*, „seiner selbst beraubt sein", um einen Terminus handelt, der in der Mystik seinen Ort und seinen Ursprung hatte.

So seien hier der Kritik an der Kirchenmusik einige kurze Hinweise gegenübergestellt, wie die Synthese aus Mystik, Spiritualität und Ästhetik im Hinblick auf die Musiktradition des Christentums ins Europa gelingen konnte und welche Ansätze sie für die Zukunft bietet.

Grundsätzlich ist sakrale Musik abzugrenzen von einer rauschhaften Musik, die die Befreiung vom eigenen Ich durch die Ekstase der Sinne durch die Raserei des Rhythmus, die Betäubung durch Lautstärke und das Hinausschreien der Emotionalität des Menschen erreichen will.

Musik im Sinne einer Erhebung des Geistes versucht die dem Menschen innewohnende Musikalität zu vergeistigen, indem sie sinnenhaften Klang mit dem Geist der Inspiration verbindet und so Geist, Intuition und Freude an der Klangeswelt miteinander integrierend zusammenfasst. Die Sinnenfreude des Menschen schlägt immer wieder in Frustration um, wenn sie nicht durch die Selbstüberschreitung der Transzendenz in einer höheren Art von Ekstase zu einer Begegnung mit dem Göttlichen beiträgt. Hierbei wird die Personalität des Menschen nicht ausgelöscht, sondern trägt durch eine geistige Reinigung durch den Aufstieg zum Transzendenten zur Stärkung der eigenen Identität bei.

50 Vgl. Aristoteles, Politik VIII 6–7 (Bekker 1341f.).

51 Vgl. Karl Gustav Fellerer, Das Konzil von Trient und die Kirchenmusik, in: ders. (Hg.), Geschichte der katholischen Kirchenmusik, Bd. 2, Kassel 1976, 7–9, hier 9.

Theologisch könnte man von zwei Bewegungen sprechen: Durch die Fleischwerdung des göttlichen Erlösers wird eine Inkarnation des göttlichen Geistes angestoßen, durch die Unbewusstes und Ungelöstes, Klage, Trauer und Schmerz durch die Begegnung mit dem Lobpreis der Erlösung in eine festliche Freude gelöst werden. Emotionen und Sehnsüchte werden durch den Umweg über die Instrumente und die Gesangskunst zu Ton und Klang, die in der ihnen innewohnenden Schönheit zu einer Art von Offenbarung in der „Musikwerdung" verhelfen können.

Umgekehrt übt die Kirchenmusik in der Liturgie eine wichtige Funktion aus, insofern als sie zur Verherrlichung Gottes in der Schöpfung alle Stimmen des Kosmos zusammenführt und Klage und Freude in einem universalen Lobpreis vereint. Musik hat in diesem Sinne die Aufgabe, dem Kosmos mit all seinen Kreaturen die Stimme der Schönheit zu entlocken und zugleich in angemessener Ehrfurcht der Herrlichkeit des erlösten Seins eine Stimme zu verleihen. Ansätze, diese Mission fortzuführen, gibt es genügend, selbst großkirchliche Massenevents wie der Weltjugendtag 2016 mit einem symphonischen Orchester und einem symphonischen Chor geben Zeugnis von dieser eschatologischen Vision für eine Welt von morgen.

„Lobt ihn mit Pauken und Tanz, lobt ihn mit Flöten und Saitenspiel!“ (Ps 150,4)

Aspekte zum gemeinsamen Musizieren im Kloster

P. Tarcisius Sztubitz OCist

Abb. 55: Quartett im Kaisersaal (v.l.n.r.:Fr. Anastasius, P. Tarcisius, P. Moses und Kand. Peter)

In musikalischer Hinsicht ist das Stift Heiligenkreuz vor allem für den gregorianischen Choral bekannt. Die Wertschätzung der Gregorianik entspricht nicht nur unserer zisterziensischen Tradition, sondern auch ganz dem Wunsch der Kirche, demzufolge der gregorianische Choral den ersten Platz in der Kirchenmusik einnehmen soll.[52] Darüber hinaus werden in Heiligenkreuz seit Jahrhunderten aber auch andere Musikformen gepflegt. Diesbezüglich sei auf die Bedeutung des Sängerknabeninstitutes sowie auf Namen wie Alberich Mazak und Franz Gerhard Pruneder hingewiesen.[53]

Während der Choralgesang unter der Leitung des Kantors nach wie vor das Zentrum der Musikpflege im Stift darstellt, bieten gelegentliche Darbietungen von Instrumentalmusik und mehrstimmiger Vokalmusik durch Mitbrüder gleichsam einen Nachklang an die Instrumental- und Vokalmusiktradition des Hauses. Anlässe hierfür sind feierliche Liturgien oder auch Gratulationen und andere Festakte. Dabei erklingen unterschiedliche Stile, viele verschiedene Instrumente kommen zum Einsatz und – je nach Anlass – kann die Musik erhebend, ernst oder auch humorvoll sein.

Festlich strahlt beispielsweise barocke Instrumentalmusik in der Kombination Trompete und Orgel, die den Ein- und Auszug mancher Liturgien begleitet. Neuerdings schenken zwei Pauken, die ein großzügiger Wohltäter unserem Kloster gestiftet hat, einigen festlichen Stücken ein sattes Fundament, unter anderem auch der beliebten Te-Deum-Paraphrase „Großer Gott, wir loben dich". Bei Gratulationen in der Prälatur kommen andere Instrumentenkonstellationen zum Einsatz, etwa ein Holzbläserensemble (Fagott, Klarinette, Oboe, Flöte) oder die Kombination Klavier und Mandoline.

Darüber hinaus schenkte der Jahreslauf dem Klosterleben immer wieder besondere musikalische Anlässe: So erklang zum Beispiel zum Besuch des Apostolischen Nuntius zu Leopoldi 2021 die Vatikanhymne in der Besetzung Orgel, Trompete, Fagott und Pauken. Zu den musikalischen Besonderheiten zählte auch die Gestaltung des Konventamtes zum Österreichischen Nationalfeiertag 2022. Neben der Orgel wurde die Bundeshymne von Trompete, Posaune, Fagott, Violine, Flöte, Akkordeon, Glockenspiel und Pauken begleitet. Das Musizieren in diesem „Zisterzienserorchester" hat allen, Musikern und Zuhörern, viel Freude bereitet.

---

52 Zweites Vatikanisches Konzil, Sacrosanctum Concilium, Kapitel VI, Artikel 116: „Die Kirche betrachtet den gregorianischen Choral als den der römischen Liturgie eigenen Gesang; demgemäß soll er in ihren liturgischen Handlungen, wenn im Übrigen die gleichen Voraussetzungen gegeben sind, den ersten Platz einnehmen." Benedikt XVI. bekräftigte im Nachsynodalen Apostolischen Schreiben Sacramentum caritatis (2007), dass der gregorianische Choral „der eigentliche Gesang der römischen Liturgie" sei (Artikel 42).

53 Eine umfassende Darstellung der reichen Musiktradition des Stiftes bietet Alois Niemetz, 800 Jahre Musikpflege in Heiligenkreuz (Heiligenkreuz 1977).

Abb. 56: Bläserduo (v.l.n.r.: Fr. Samuel und Fr. Anastasius)

Freude bereiten soll auch die gelegentlich aufgeführte mehrstimmige Vokalmusik. Das Spektrum reicht hierbei vom innerlich-ernsten „Kyrie fons bonitatis", einem frühen Zeugnis der Mehrstimmigkeit aus dem 10. Jahrhundert, über romantische Kompositionen wie das „Tollite hostias" von Camille Saint-Saëns bis zu Werken des zeitgenössischen Komponisten Marco Frisina, „Anima Christi", und von Mitbrüdern selbst komponierte bzw. gedichtete Stücke.

Wie die dargelegten Beispiele aufzeigen, gestaltet sich die Musikpflege in unserer Gemeinschaft sehr vielfältig. Die anlassbezogenen Darbietungen von Instrumentalmusik und mehrstimmiger Vokalmusik bereichern die gelebte Kultur unseres Hauses, setzen Akzente der Festlichkeit und machen den weiten Horizont der Tonkunst erfahrbar. Freilich sollen sie nicht in Konkurrenz zum Choral treten oder den Mitbrüdern gar zur Last werden.

Vergelt´s Gott allen, die ihre Talente auf diese Weise in unsere Gemeinschaft einbringen. Möge die vielfältige Musikpflege auch weiterhin unser Kloster bereichern und nicht zuletzt Gott dem Herrn die Ehre geben.

„Posthume Zusammenarbeit“ 80 Jahre nach dem Tod

Gitarrist Luiz Mantovani und Ferdinand Rebays 2. Sonate in E-Dur

Christine Hollmann

Dr. Luiz Mantovani ist Musikwissenschaftler und Gitarrist aus Brasilien. Wichtige Jahre seines Studiums absolvierte er in London. Seit Jahren befasst er sich mit den Kompositionen von Ferdinand Rebay für und mit Gitarre.

Auf Initiative von Kustos P. Roman Nägele OCist sind durch Dr. Maria Gellew seit 2012 Rebays Werke aus dem Bestand des Musikarchivs von Stift Heiligenkreuz geordnet und gelistet[54] und durch Christiane Hornbachner in das Internationale Online-Verzeichnis RISM[55] eingetragen worden.

Mantovanis Dissertation

So kam Luiz Mantovani auch über diesem Weg zu Informationen für seine Rebay-Forschung. Ab 2017 fragte er regelmäßig wegen Scans diverser Original-Manuskripte aus dem Musikarchiv an. 2019 schloss Mantovani seine Dissertation „Ferdinand Rebay und die Neu-Erfindung der Kammermusik für Gitarre“[56] am Londoner Royal College of Music ab.

In dem dazu formulierten Thesenblatt[57] zählt er Punkte auf, die ihm wichtig sind:

Ferdinand Rebay ist ein Vertreter der Wiener Gitarrenschule des 20. Jahrhunderts.

Er ist ein Vorreiter unter den Komponisten, die um 1920 beginnen, für Gitarre zu komponieren, obwohl sie das Instrument selbst nicht spielen. Er etabliert die Gitarre innerhalb der Kammermusik und kombiniert sie mit den verschiedensten Instrumenten in unterschiedlicher Anzahl (von Duetten und Terzetten bis

54 https://www.stift-heiligenkreuz-sammlungen.at/musikarchiv/ferdinand-rebay/werkverzeichnis/

55 RISM OPAC: https://opac.rism.info/de/hauptmenu/kachelmenu Das Kürzel für das Musikarchiv Heiligenkreuz ist A-HE

56 *Ferdinand Rebay and the reinvention of guitar chamber music. Doctoral thesis, Royal College of Music 2019* https://researchonline.rcm.ac.uk/id/eprint/807/ (letzter Zugriff 14. Febr. 2023)

57 Vgl ebda

hin zu einem Septett): „Seine Auseinandersetzung mit der Gitarre innerhalb der Kammermusik ist beispielhaft auch deshalb, weil er sie von ihrer Rolle als Begleitinstrument befreit und für sie in seinen Sonaten eine ausbalancierte Textur entwickelt."[58]

Triebfeder für Rebays Auseinandersetzung mit Kompositionen für Gitarre war seine Nichte Gerta (auch Gertha) Hammerschmied (1906–1985), eine erfolgreiche Gitarristin, die eine internationale Karriere anstrebte.

„Obwohl er fast 400 Werke für Gitarre komponiert hat, ist er heutzutage unverdient unbekannt."[59]

Im 2. Teil seiner Dissertation setzt sich Mantovani damit auseinander, wie man heutzutage – nach Jahrzehnten fehlender Aufführungstradition – Rebays „meticulous notation"[60] (akribische Notation) überzeugend umsetzen kann.

Die 2. Sonate für Gitarre solo in E-Dur

Im Herbst 2021 trat Luiz Mantovani an das Stift Heiligenkreuz und P. Roman mit dem Plan heran, im Kaisersaal des Stiftes die 2. Sonate für Gitarre solo in E-Dur aufzuzeichnen, deren Original-Manuskript sich im Musikarchiv befindet. Gerne stellte das Stift den Saal zur Verfügung, für die Kosten der filmischen Umsetzung konnte Mantovani die Hermann Hauser Guitar Foundation als Sponsor gewinnen und P. Roman die Kulturabteilung des Landes Niederösterreich. Das Studio 1133 unterstützte das Projekt mit technischen Hilfsmitteln.

Im Musikarchiv hielt der Gitarrist dann erstmals das Original-Manuskript in der Hand und war begeistert, wie „clean" (Zitat Mantovani) – ohne irgendwelche Notizen, Bemerkungen – es sich ihm darstellte. Offenbar hatte noch kein Gitarrist anhand dieser Blätter die Sonate studiert oder gar gespielt, nicht einmal Gerta Hammerschmied, der Rebay diese zum 41. Geburtstag geschenkt hatte. Es könnte also sein, dass sie noch gar nicht gespielt worden war. Es handelt sich aber gewiss um die erste Einspielung dieser großen Sonate mit den Satzbezeichnungen I. Moderato com espressione, II. Scherzo. Presto – Trio, III. Adagio, IV. Finale. A la Marcia.

Drei Tage lang wurde das Video im Kaisersaal aufgenommen.

58 Ebda *„His exploration of the guitar in chamber music is equally paradigmatic, as he frees the instrument from its typical accompaniment roles and explores a fully-balanced texture in his sonata writing."*

59 Ebda „However, in spite of having composed close to 400 guitar works, he is today undeservedly obscure."

60 Ebda

Außer dem Film entstanden noch ein Trailer und ein Video-Interview mit Abt Maximilian.

Abb. 57: Luiz Mantovani bei der Arbeit im Musikarchiv

Bearbeitung des Heiligenkreuzer Manuskripts der Sonate

Entsprechend seiner in der Dissertation geäußerten Absicht arbeitete Luiz Mantovani dann daran, die Sonate auf der Grundlage des Heiligenkreuzer Originalmanuskriptes als Gitarrist für GitarristInnen aufzubereiten. Das geschah in seinem Artikel „Fine-tuning Ferdinand Rebay´s Second Sonata in e major for Guitar“[61] (Feinschliff an Ferdinand Rebays 2. Sonate in E-Dur für Gitarre).

Best Paper Award

In ihrer Laudatio bei der Preisverleihung anlässlich der Generalversammlung der ÖGMw (Österreichische Gesellschaft für Musikwissenschaft) fasst Dr. Elisabeth Hilscher Luiz Mantovanis Arbeit an Rebays Sonate und seine Verdienste zusammen und begründet somit die Entscheidung der Jury:

61 https://www.musau.org/parts/neue-article-page/view/131 (letzter Zugriff 15. Febr. 2023)

„Die Arbeit lenkt das Bewusstsein auf die von der Musikgeschichtsschreibung wenig beachtete Wiener Gitarrenschule des 20. Jahrhunderts sowie auf die Problematik, wenn Komponisten für Instrumente Werke erschaffen, die sie nicht oder nur unzureichend beherrschen. Dies ist der Fall beim österreichischen Komponisten Ferdinand Rebay, dessen Werk durch das Stift Heiligenkreuz seit einigen Jahren intensiv beforscht und beworben wird. Er selbst war Pianist, und so wurden viele seiner Werke für Gitarre erst durch seine Nichte Gerta Hammerschmid (die Mitglied jener oben angesprochenen Wiener Gitarrenschule war) in eine spielbare Form gebracht. Nicht so die 2. Sonate, für die nun der Autor der Studie versuchte, die Rolle des Vermittlers zwischen dem Willen des Komponisten, den Möglichkeiten des Instrumentes und der musikalischen Praxis einzunehmen. Dieser Brückenschlag von historischer Quellenarbeit, über Musikphilologie und Gitarrenspieltechnik zur Praxis in Form einer Edition und einer auf YouTube zugänglichen Einspielung des Werkes ist unserer Meinung in vorbildlicher Weise gelungen."[62]

62 Vgl. Laudatio, gehalten bei der Preisverleihung anlässlich der Generalversammlung der ÖGMw am 14.10.2022 in Wien

Feinschliff an Ferdinand Rebays 2. Sonate in E-Dur für Gitarre

Fine-Tuning Ferdinand Rebay's Second Sonata in E major for Guitar[63]

Conclusio

Luiz Mantovani

Nachdem ich für meine Dissertation mehrere Kammersonaten und Werke mit Sonatenaufbau von Rebay durchgearbeitet und aufgeführt hatte, stellte ich fest, dass „diese Musik ein Bindeglied zwischen der Gitarrensonatine des frühen 19. Jahrhunderts und der Sonate nach der Zeit Beethovens darstellt. Es bietet sich so dem Gitarristen die Möglichkeit, ein Genre und eine Form, die sonst tatsächlich nirgends existieren, aufzuführen."[64] Dasselbe trifft auf seine Solosonaten zu. Wenn man sein Opus, die Solosonaten für Gitarre aus der ersten Hälfte des 20. Jahrhunderts, analysiert, findet man Musik, die von der Wiener Tradition des 19. Jahrhunderts inspiriert ist, wie zum Beispiel die „Sonata Romantica" von Ponce – eine Huldigung an Schubert – oder Alfred Uhls neoklassische „Sonata Classica". Rebay war aber nicht ein Komponist des 20.Jahrhunderts, der in altem Stil schrieb, sondern das Produkt des Einflusses von Brahms, den ihm seine Lehrer Mandyczewski und Fuchs vermittelten. Paradoxerweise kann man ihn sowohl als einen Erzkonservativen[65] abstempeln als auch als Erneuerer, da er so viele mehrsätzige Sonaten für dieses Instrument geschrieben und so bewiesen hat, dass die Gitarre auch gehobenen musikalischen Ansprüchen gerecht wird.

Unter den über 30 Sonaten oder sonatenähnlich aufgebauten Werken von Rebay hat man seinen sieben Solosonaten bisher noch nicht genügend wissenschaftliche Beachtung geschenkt, eine Lücke, die dieser Artikel füllen soll. Wie bereits erwähnt, ist die Aufführungshistorie dieser Werke ungenau bzw. gar nicht vorhanden, und das hängt mit der Tatsache zusammen, dass nicht alle diese Werke zu Rebays Lebzeiten überarbeitet oder aufgeführt worden sind.

63 https://www.musau.org/parts/neue-article-page/view/131 (letzter Zugriff 14.Febr.2023)

64 Vgl. https://researchonline.rcm.ac.uk/id/eprint/807/ (letzter Zugriff 14.Febr.2023)

65 Johann Gaitzsch, Ferdinand Rebay, Forgotten Brahms Epigone or Major Guitar Composer?, Soundboard 31, no. 4 (2006):14

Ein Geheimnis umgibt die 2. Sonate in E-Dur für Gitarre, ein anspruchsvolles Werk, das 1941 als Geburtstagsgeschenk für [seine Nichte, Gerta] Hammerschmid geschrieben worden ist. Aus Gründen, über die man nur spekulieren kann, hat sie sich damit nie beschäftigt und möglicherweise ihren Onkel gebeten, eine andere Sonate zu komponieren – diese wird 1. Sonate in E-Dur genannt – in die der letzte Satz der erstgenannten Sonate eingearbeitet worden ist. Folglich geriet die 2. Sonate in E-Dur praktisch 80 Jahre lang in Vergessenheit, und nun beschloss ich, das zu tun, was Hammerschmid nicht getan hatte: nämlich mich mit den grundlegenden Problemen kritisch auseinanderzusetzen, die die Aufführung verhindern, und gitarrentechnische Lösungen anzubieten – auf Basis einer „posthumen Zusammenarbeit" mit Rebay, wie ich das nenne. Die Ergebnisse sieht man in dem kürzlich herausgebrachten Film[66] meiner Aufführung und in dem vorliegenden Artikel, der unter anderem die Dokumentation dieser Bearbeitung zum Ziel hat.

In meiner Karriere als Gitarrist arbeite ich regelmäßig mit Komponisten zusammen, die Werke für Gitarre schreiben, aber selbst keine Gitarristen sind. Es erfordert jedoch ein ganz anderes Herangehen, wenn man das Werk eines verstorbenen Komponisten bearbeitet, da ja kein direkter Kontakt mit ihm mehr möglich ist. Letztendlich ist ein tiefgehendes Verständnis für die Ausdrucksweise des Komponisten notwendig. Dieses kann man sich aber nur durch praktische Aufführung der Musik erwerben. Wenn man mit grundlegenden Problemen konfrontiert ist, muss man zwischen Schwierigkeiten in der Ausführung (die man mit entsprechender Übung meistern kann) und Problemen der Aufführbarkeit (die nur durch Eingriffe in den Notensatz selbst lösbar sind) unterscheiden. Bei meiner Arbeit an der 2. Gitarrensonate in E-Dur teilte ich die grundlegenden Probleme in drei Kategorien ein: „unspielbar", „für den Stil des Komponisten ungewöhnlich" sowie „technisch herausfordernd" – dieses System ist flexibel genug, um an jede Art von Repertoire angepasst zu werden, das eine ähnlich kritische Annäherung von Seiten des aufführenden Musikers braucht. Wenn der Gitarrist in den Notensatz selbst eingreift, muss er natürlich nicht nur auf technische Machbarkeit, sondern auch auf die strukturelle, phrasierende und ausdruckgebende Kohärenz achten, was die oben erwähnte Erörterung demonstrieren soll.

Wenn man die unvollständige Aufführungsgeschichte von Rebays Gitarrenmusik und die Existenz vieler unbearbeiteter Urschriften in Betracht zieht – wie es ja auf die 2. Sonate in EDur zutrifft – behaupte ich, dass sein Werk dringend kritisch orientierte Aufführungseditionen braucht. Diese sollten nicht nur Reproduktionen seiner Manuskripte sein, sondern maßgebliche Überarbeitungen durch Gitarristinnen und Gitarristen, die mit Rebays Ausdrucksform gut vertraut sind und die vor „posthumer Zusammenarbeit" nicht zurückscheuen. Ich selbst be-

66 https://www.youtube.com/watch?v=wvO73S678ok

reite eine solche Edition der 2. Sonate für Gitarre solo in E-Dur vor und hoffe, dass dieser Artikel mehr Gitarristinnen und Gitarristen anregt, in Rebays Welt einzutauchen und am Aufbau einer soliden und erneuerten Aufführungstradition seiner Werke mitzuarbeiten.

Die **8. Internationale Musikakademie Ferdinand Rebay** fand vom 30. August bis zum 3. September 2022 statt. Die Meisterkurse für Gitarre, Flöte und Gesang mit dem Schwerpunkt auf Ferdinand Rebays Musik aus dem Musikarchiv des Stiftes wurden von den bewährten Dozenten unter der Leitung von Dr. Maria Gellew durchgeführt. Das Abschlusskonzert mit der Präsentation der erarbeiteten Werke fand im Kaisersaal statt. Sehr gefreut haben wir uns über die Teilnahme des besonders begabten Gitarristen Yukang Cao (Schüler von Dozent Thomas Müller-Pering).

Der italienische Gitarrist Leopoldo Saracino („Conservatorio Luca Marenzio“ in Brescia (Italien) hat Werke für Gitarre Solo von Ferdinand Rebay, sowie gemeinsam mit Enrico Maria Barbareschi Werke für 2 Gitarren desselben Komponisten eingespielt:

Leopoldo Saracino: Ferdinand Rebay. Guitar Works

Leopoldo Saracino und Enrico Maria Barbaraschi: Ferdinand Rebay. Works for One and Two Guitars.

Bei den Aufnahmen auf der zweiten CD handelt es sich um weltweite Ersteinspielungen.

Carillon Symposium

Fr Anastasius Erling OCist und Peter Höngesberg

Am 27. und 28. Mai 2022 fand am Heiligenkreuzer Carillon ein Symposium, geleitet von den Carilloneuren der Turmglockenspiele in Aschaffenburg, Bonn-Beuel und Bad Godesberg statt. Schon in den vergangen Jahren bestand eine enge Verbindung mit jenem Carilloneursehepaar aus Deutschland. Sie brachten unser Instrument zu verschiedenen Anlässen wie beim Klosteradventmarkt und einer Veranstaltung der belgischen Botschaft zum 300. Geburtstag des flämischen Komponisten Matthias Vanden Gheyn zum Klingen. Bei dieser Gelegenheit entstand ein wertvoller Kontakt mit Fr. Anastasius Erling OCist, der zuerst einmal dazu führte, dass die vorhandene Automatik neu programmiert wurde und nach Entdecken eines schwerwiegenen technischen Defektes diese durch eine zeitgemäße Automatik ersetzt wurde. 10 Minuten vor jeder vollen Stunde erklingt automatisch ein Stück, welches aus einer reichhaltig bestückten Sammlung ausgewählt wird, welche stetig erweitert wird.

Da ein Carillon sich durch die Möglichkeit des manuellen Spielens sich von einem gewöhnlichem Glockenspieles mit bloßer Spielautomatik abhebt, wurde die Idee geboren, Interessierte mit diesem besonderen Instrument bekanntzumachen und grundlegende Spieltechniken zu vermitteln. Auf die Bekanntgabe des Symposiums meldeten sich neben Teilnehmern des Stiftes Heiligenkreuz, auch Teilnehmer aus dem Stift Admont und Hohenfurth, der hauseigenen philosophisch-theologischen Hochschule und der Universität für Musik in Wien.

Die Veranstaltung begann mit einer Einführung über das Carillon im Primizsaal, wo anschließend die ersten Spielversuche am dortigen Übungsspieltisch unternommen wurden. Wenige Stunden später stiegen die ersten Teilnehmer schon zum echten Carillon auf, um die frisch erprobten Übungsstücke dort umzusetzen, zusammen mit den Proficarilloneuren sogar in einem kleinem Eröffnungskonzert. Von Vanden Gheyn (um 1750) bis hin zu Jazzstandards gab es die ganze stilistische Bandbreite zu hören. Der Abend mit Informationsfilmen über historische Glockenspielautomaten, berühmte Carillons und Glockenguss klang mit Wein und Knabbereien gesellig aus. In dem Abschlusskonzert am folgenden Tag zeigten alle, was sie noch dazugelernt hatten, nochmals in einem Konzert.

Wir im Stift Heiligenkreuz können uns glücklich schätzen, dass Ariane Toffel und Georg Wagner unser Heiligenkreuzer Carillon so schätzen und sich für eine breitere Bekanntheit dieses in Österreich außergewöhnlichen Instrumentes engagieren. Ein herzliches Vergelt's Gott. Wir hoffen auf eine Fortsetzung!

Hochfest des hl. Leopold – Stifter von Heiligenkreuz

Beim Pontifikalhochamt zum Hochfest des hl. Leopold am heurigen 15. November war eine musikalische Rarität zu hören.

Ayako Bungyoku-Tojima hat bei Recherchen im Musikarchiv eine Messe von Johann Ritter von Herbeck (1831–1877) entdeckt: die Messe in F-Dur für gemischten Chor und Orgel.

Ritter von Herbeck bekam seine musikalische Ausbildung bei den Sängerknaben des Stiftes Heiligenkreuz, war Maturant des Neukloster-Gymnasiums in Wiener Neustadt und lernte bei dem österreichischen Komponisten Louis Rotter (1845/46).

Diese Messe in F-Dur hat sie mit dem Chor der Markuskirche (1180 Wien), der Capella Oratoriana (St. Rochus, Wien) und dem Organisten Imre Tóth zum Klingen gebracht.

Abb. 58: Herbeck-Messe zum Hochfest des hl. Leopold

6. Teil: Hochschule

Inauguration des Hochschuljahres am 3.10.2022

Das neue Studienjahr der Hochschule wurde durch den Diözesanbischof Sr. Exz. Dr. Bertram Meier mit einem Pontifikalamt in der Stiftskirche eröffnet.

Abb. 58a: Inaugurationsvorlesung von Diözesanbischof Dr. Bertram Meier

Eröffnung des neuen János-Brenner-Hauses

Ein Haus für Berufungsfindung

Johannes Auersperg-Trautson

Auf der Homepage der Hochschule Heiligenkreuz (www.hochschule-Heiligenkreuz.at) findet sich unter der Rubrik „Geschichte der Hochschule" ein schöner Überblick mit dem treffenden Titel „*Chronologie der Gnade*". Am Samstag, dem 17. September 2022, wurde das neue Studentenheim „János-Brenner-Haus" eingeweiht und somit auch ein weiteres Kapitel zu dieser, im wahrsten Sinne, „wunderbaren Chronologie" hinzugefügt.

Man könnte meinen, dass ein Studentenwohnheim einer Hochschule nichts allzu Außergewöhnliches darstelle. Das János-Brenner-Haus jedoch ist mehr als nur eine einfache Unterkunft für Studierende der Hochschule. Von Beginn an hatten die Verantwortungsträger, allen voran Abt Maximilian Heim und Rektor Pater Wolfgang Buchmüller, eine ganz spezielle Vision vor Augen: Und zwar sollte hier ein „*Haus für Berufungsfindung*" entstehen. Unter einer geistlichen Leitung sollen die künftigen Bewohner in einer guten und gesunden Wohngemeinschaft leben, studieren und beten und dabei ihre mögliche geistliche Berufung so gut wie möglich prüfen können. Um diesem Vorhaben gerecht zu werden, würde ein Haus mit ein paar Zimmern nicht ausreichend sein. Man braucht Gemeinschaftsräume, Orte der Begegnung und darüber hinaus natürlich eine geeignete Hauskapelle.

Mit diesen ambitionierten Vorgaben machte sich der Stiftsbaumeister Herr Arnold Link bereits im Sommer 2019 an die ersten Planungen, und nach etlichen „Bauausschusssitzungen" fuhren endlich die ersten Bagger auf, und es konnte losgehen.

Wer hätte zum damaligen Zeitpunkt gedacht, dass die Welt kurz vor einer großen Pandemie stand und im unmittelbaren Anschluss daran ein Krieg ausbrach, der die Weltwirtschaft und so auch die gesamte Baubranche in schwere Turbulenzen bringen würde. Rückblickend betrachtet hat dies natürlich auch bei diesem Bauvorhaben zu einigen Mehrkosten bzw. der einen oder anderen Verzögerung geführt. Wie so oft war es wohl wieder Gottes Vorsehung, dass die großen Bauausschreibungen noch gerade rechtzeitig erfolgt waren und somit zumindest die Kosten der größten Aufträge mehr oder weniger feststanden. Hätte der Bau ein bis zwei Jahre später begonnen, hätte er wohl das Doppelte gekostet. Danke Jesus!

Apropos Vorsehung: Wie auch schon bei den vergangenen großen Bauvorhaben der Hochschule halfen auch diesmal wieder viele tausende Menschen durch ihre Spende und ihr Gebet dabei, dass dieses nächste, so wichtige Projekt in der wunderbaren Erweiterung des Hochschulcampus vollständig finanziert und abgeschlossen werden konnte. Diese anhaltende Großherzigkeit unzähliger Menschen ist einfach unglaublich und zeigt zugleich, was für ein Vertrauen und eine Hoffnung in die Hochschule und alle ihre Verantwortungsträger gesetzt wird.

Und nun möchte ich diesen geschichtsträchtigen 17. September 2022 noch einmal kurz Revue passieren lassen:

Die Aktivitäten des Vormittags spielten sich im Stift ab: interessante Führungen durch das Gebäude durch einige der Mönche, gefolgt von der Vorstellung einer Sonderbriefmarke (mit Motiv einer Paulusinitiale aus dem Codex 26 von Stift Heiligenkreuz) im Kaisersaal und dem Chorgebet der Mönche in der Abteikirche.

Am Nachmittag startete dann das abwechslungsreiche Programm in der Hochschule: Begrüßung durch den Rektor und große Präsentation im Bernhardinum mit starken Impulsen von Pater Karl Wallner und Pater Bernhard Vošický, sowie eine unterhaltsame, musikalische Einlage seitens der vielen neuen Patenstudenten. Und nicht zu vergessen: die Ernennung des Ehepaars Andreas und Monika von Konradsheim zu Ehrensenatoren der Hochschule Heiligenkreuz. Eine mehr als verdiente Auszeichnung für ihre jahrzehntelange Verbundenheit, Treue und Unterstützung.

Im Anschluss wurden alle Gäste gebeten, sich langsam in Richtung János-Brenner-Haus zu begeben, und nachdem alle eingetroffen waren, eröffnete die Musikkapelle Heiligenkreuz mit einer schönen Fanfare diesen eigentlichen Höhepunkt des Festtages.

Die Einweihung des János-Brenner-Hauses

Begleitet durch die (wie immer hervorragende) Moderation von Prior Pater Johannes Paul Chavanne folgten Kurzansprachen von Abt Maximilian, Rektor Pater Wolfgang, dem „Künstlermönch" Pater Raphael Statt, der die kunstvoll gestalteten Glasfenster näher erläuterte, dem künftigen „Hausdirektor" Pater Edmund Waldstein, sowie auch vom Bauamtsleiter Herrn Arnold Link, der allen am Bau beteiligten Firmen und Menschen noch einmal seinen besonderen Dank aussprach und im Anschluss daran auch gleich die offizielle „Schlüsselübergabe" vornahm. Schließlich übernahm Domprobst em. Joszeph Brenner, der leibliche Bruder des Seligen János Brenner, nach dem dieses Studentenheim benannt wurde, das Wort. Noch einmal gab er bewegende Einblicke über seinen Bruder, der als junger Kaplan 1957 von Kommunisten in einen Hinterhalt gelockt und brutal ermordet wurde. Dass er heute ein Studentenwohnheim für Berufungssuchende einweihen dürfe, welches nach seinem seligen Bruder benannt werde, freue ihn natürlich ganz besonders.

Unter der Assistenz von Abt Maximilian und Rektor P. Wolfgang wurde dann um Punkt 17:00 Uhr die Einweihung vorgenommen, und alle Festgäste stimmten in großer Freude und unter der Begleitung der Musikappelle „Großer Gott wir loben Dich“ an.

Abb 59: Alte Schmiede und Janós Brenner Haus

Möge der Herr dieses Haus und alle seine künftigen Bewohner segnen, und mögen die Früchte groß sein, so bitte ich von ganzem Herzen.

Die Glasfenster des neuen Janos-Brenner-Hauses

P. Raphael Statt OCist

In meiner gestalterischen Arbeit war es mir ein Anliegen, die von unserem Stiftsbaumeister Arnold Link vorgegebene Raumsituation mit einer kraftvollen Glasgestaltung zu versehen, die diesen Raum mit einer lichtvollen Farbigkeit erfüllt.

Die Fenster sind aus hochwertigem Schmelzglas gefertigt, das die wunderbare Eigenschaft hat, Licht zu bündeln und leuchtender wiederzugeben. Dadurch wird dieser großartige Raum der Begegnung in ein anmutiges, warmes Licht getaucht.

Abb. 60: Hauptfenster

Das ungefähr sechs Meter hohe Hauptfenster nimmt Bezug auf das Martyrium des seligen János Brenner. Dieser war unter dem Namen P. Anastasius zu einer Zeit Zisterzienser in Ungarn, als dies vom kommunistischen Regime strengstens verboten war. Als Kaplan wurde er 1957 in einen Hinterhalt gelockt und während eines vorgetäuschten Versehganges mit 32 Messerstichen umgebracht.

Diese 32 Messerstiche erscheinen nun in dem Hauptfenster als 32 glorreiche Wundmale, die in einen goldenen Himmel aufsteigen. Das Zentrum des Fensters – ein Fenster im Fenster – verweist auf das Geheimnis dieses Martyriums, auf das blutende Herz dieses von Papst Franziskus 2018 seliggesprochenen jungen Priesters. Ein pulsierendes Priesterherz, das in seiner Bereitschaft zur Ganzhingabe dem Herzen Jesu gleichgestaltet war.

Abb. 61: Glas-Porträt

Das vor der steinernen Felswand hängende große Glasbild-Porträt zeigt den seligen P. Anasztáz János Brenner mit übermaltem Zisterzienser-Habit, den er zu seiner Zeit nicht tragen hat dürfen. Dadurch drückt sich für mich auch die Freude darüber aus, dass er, einer von uns, Vorbild für unser geistliches Leben ist.

Die beiden rechten Fenster, die zum umgebauten Hang hinzeigen, nehmen durch ihre expressive Formensprache und mit ihrer starken Farbigkeit Bezug auf die Leidenschaft des Martyriums.

Unser großer Dank gebührt dem Stifter,
unserem verstorbenen Familiaren und Ehrensenator Werner Deschauer.

Fest des Dankes

Am Donnerstag, dem 8. Dezember feierten Stift und Hochschule ein „Fest des Dankes“ im Kaisersaal. Wir bedankten uns bei Prof. P. Dr. Wolfgang Buchmüller OCist für sein Wirken als Rektor der Hochschule Heiligenkreuz. Wir sagen ‚Danke' den neuen Familiaren des Ordens Forschungsdekan Univ.-Prof. Dr. Wolfgang Klausnitzer und Studiendekan Doz. Msgr. Dr. Rupert Stadler. Im Anschluss an das Fest wurde als Schlusspunkt die Vesper in der Stiftskirche gebetet.

Abb. 62: v.l.n.r. P. Bernhard, P. Prior Johannes Paul, Familiar Prof. Wolfgang Klausnitzer, Altabt Gerhard, Frau Ursula Buchmüller (Mutter von P. Wolfgang), Rektor P. Wolfgang, Abt Maximilian, Familiar Studiendekan Dr. Rupert Stadler, Äbtissin Hildegard Brem

7. Teil: Spirituelles

Geleitwort zum neuen Buch: „Christus bleibt“ von Abt Maximilian Heim OCist

P. Wolfgang Buchmüller OCist

Abb. 63: Abt Maximilian präsentiert „Christus bleibt“

Christus bleibt – bleiben wir in Ihm: „Wer in mir bleibt und in wem ich bleibe, der bringt reiche Frucht; denn getrennt von mir könnt ihr nichts vollbringen.“ (Joh 15,5) Wer immer sich mit dem menschgewordenen Gott verbindet und sich mit seiner Weisheit konfrontiert, die nicht von dieser Welt ist, wird feststellen, dass dies ihn nicht nur innerlich bereichert, sondern dass dies ihn zu einem Zeichen der Hoffnung und des Lebens werden lässt, von dem andere Menschen gerne profitieren wollen, die „reiche Frucht“ wird Wirklichkeit!

Abt Maximilian Heim steht für ein sichtbares Kirchenwunder, das sich mit dem Namen Heiligenkreuz verbindet: Eine dynamische, jung gebliebene und immer neue Gemeinschaft im 900 Jahre alten Zisterzienserorden, die sich in den letzten Jahren auf ca. 100 Mönche verdoppelt hat und die mit einem Priorat und zwei Gründungen in Deutschland – eine im Ruhrgebiet, eine in Brandenburg bei Berlin und eine Gründung in dem Missionsland Sri Lanka – eine erstaunliche Dynamik entfaltet. Ganz von seiner Persönlichkeit geprägt ist auch die Philosophisch-Theologische Hochschule, die in den letzten fünfzig Jahren einen erstaunlichen Aufschwung genommen hat und nun mit ungefähr 330 Studenten einer der zentralen akademischen Studienorte für die Priesterausbildung im deutschsprachigen Raum geworden ist. Diese Hochschule trägt seit dem Beginn des Pontifikates des deutschen Theologenpapstes den Namen „Phil.-Theol. Hochschule Benedikt XVI. Heiligenkreuz".

Es erstaunt nicht weiter, dass einer der Schwerpunkte des Werkes von Abt Maximilian Heim als einem der ersten drei Ratzinger- Preisträger um das geniale und zugleich monumentale Schrifttum des nunmehr emeritierten Papstes Benedikt XVI. kreist, dem er einst seine Dissertation zur Ekklesiologie, der Lehre von der Kirche nach dem Zweiten Vatikanischen Konzil, gewidmet hatte. Hier zeigt sich Abt Maximilian als berufener Vermittler und Kommentator, der den Leser wie auf Adlerflügeln zu den lichten Höhen der Theologie Ratzingers hinaufführen kann und es dabei versteht, die Axiome der kirchlichen Lehre von Kirche, Eucharistie, Priestertum und die Berufung zum Christsein in kleine Portionen herunterzubrechen und so zu erklären, dass sie allen plausibel und verständlich werden. Wie einst der Kirchenvater Thomas von Aquin seine Kommentatoren und Interpreten hatte, dank derer ein erster Zugang zu einer existenziellen und intellektuellen Begegnung mit Gott anhand der enthüllten und zugleich mysteriösen Offenbarung der Heiligen Schriften des Christentums gelang, so hat Papst Benedikt XVI. auch seine Schülerkreise und Studenten, die virulente und brennende Fragen von Kirche und Menschheit diskutieren.

Angesichts der aufleuchtenden Wahrheit des Christus der Evangelien erscheinen die Pathologien der Vernunft des von ideologischen Systemen geprägten und durch Verkürzungen und durch Vereinfachungen gekennzeichneten Mainstreams der Gegenwart irreführend und fehlgeleitet. Eine Kirche, die den neuesten Trends hinterherläuft und diese möglichst noch überholt, endet in der Selbstsäkularisierung und Profanierung und verliert dabei ihren metaphysischen Glauben an den lebendigen Christus, der ihr allein ihre Attraktivität und Leuchtkraft verleiht. Aber gerade die herausfordernden Mysterien des Glaubens, insbesondere das der Eucharistie mit ihrem Opfercharakter, lassen den glaubenden Menschen die Liebe erahnen, die ihn geschaffen, erlöst und in die Gemeinschaft mit dem Gott berufen hat, der sein menschliches Antlitz gezeigt hat.

Wenn auch seinem magistralen Lehrer Benedikt XVI./Joseph Ratzinger seine besondere Vorliebe gilt, so wird diese doch flankiert durch seine gleichfalls intensive Beschäftigung mit den Päpsten Johannes Paul II. und Franziskus, deren theologische Schwerpunkte Abt Maximilian ebenso gekonnt skizziert. Der „Theologie des Leibes" des Existenzial-Philosophen Karol Wojtyła und der prophetischen Mahnrede von Papst Franziskus zugunsten einer evangelisierenden Kirche der Armen gilt gleichermaßen die wache Aufmerksamkeit von Abt Maximilian Heim, der mit seiner hermeneutischen Sprachkunst ihre christologischen Grundstrukturen herauszuarbeiten versteht.

Die Diskussion der Fragen der Zeit, die unser kirchliches Leben prägen, ist in ein breites Panorama eingebettet. Dieses erstreckt sich von der Ökumene mit den Kirchen der Orthodoxie und den kirchlichen Gemeinschaften des Protestantismus bis hin zu monastischen Impulsen für eine säkularisierte Welt und darüber hinaus bis zu den prägenden Angelpunkten einer inkarnierten christlichen Spiritualität: Marienverehrung, Verehrung der Eucharistie und der Heiligen mit einem Aufblick ins himmlische Jerusalem. Quasi nebenbei erfährt der Leser viele Details über das Leben einer zisterziensischen Mönchsgemeinschaft inmitten einer Welt, die zwar weit von Gott entfernt zu sein scheint, aber dennoch „unheilbar religiös" in ihren Fragen nach Sinn und Wahrheit bleibt.

Der Impetus der sorgfältig ausgearbeiteten Beiträge von Abt Maximilian Heim bleibt „monastisch", was vielleicht – in die Sprache der Gegenwart übertragen – mit „aus der Meditation und dem Gebet inspiriert" zu übersetzen wäre. Dies ist nicht als ein Gegensatz zu „theologisch" zu verstehen, denn anerkannte Theologen der Gegenwart werden intensiv rezipiert, aber in ihren Erkenntnissen eingebettet in einen assoziativen Prozess der Rede von Gott, die niemals eine rein theoretische sein kann, sondern von ihrem Wesen her „performativ" ist, weil sie darauf angelegt ist, unser Herz zu verändern.

So sei dieses Buch allen Lesern empfohlen, die bei den virulenten Fragestellungen der Gegenwartskultur eine authentische Antwort suchen, die ebenso intellektuell verantwortet wie auch gläubig katholisch ist.

Revolvit lapidem – Er wälzte den Stein weg

Msgr. Dr. Bernhard Kirchgessner

Abb. 64: Auferstandener aus Cod. 20

Initiale: „A“ in: Antiphonarium Cisterciense, Cod. 20 f 75r, Pergament, Anfang 13. Jh., Zisterzienserabtei Stift Heiligenkreuz, Niederösterreich.“

Antiphon 1 AD LAUDES, BREVIARUM ROMANUM

EX DECRETO SS CONCILLI TRIDENTINI RESTITUTUM.

Vor die Aufgabe gestellt, die biblische, vom Evangelisten Matthäus überlieferte Erzählung der Auferstehung mit künstlerischen Ausdrucksmitteln umzusetzen, wird jeder Künstler zunächst einmal die Stirne runzeln. Wie etwas darstellen, was keiner gesehen hat? Wie etwas fassen, das sich konkretem menschlichem Vorstellungs- und Fassungsvermögen schlichtweg entzieht? Wie etwas formen, von dem die einen sagen, es sei eine unglaubliche betrügerische Behauptung, die anderen hingegen felsenfest behaupten, es habe sich realiter ereignet? Ein uns unbekannter, des Lesens und Schreibens mächtiger, von Kloster zu Kloster ziehender, seine Schreibdienste anbietender Mönch hat diese Frage bei der Gestaltung eines *Antiphonale*, eines dem Stundengebet der Mönche dienenden Buches, am Beginn des 13. Jahrhunderts im Zisterzienserstift Heiligenkreuz in Niederösterreich sehr einfach und plastisch gelöst: Seine Darstellung des in Siegerpose dem Grabe entsteigenden, vom Nimbus der Heiligkeit umgebenen Jesus von Nazareth ist nichts anderes als die Sichtbarmachung des Unsichtbaren. Von der Überzeugung ausgehend, dass die Auferstehung des Herrn *„facta non ficta“* sei, hält er fest, *„was kein Auge gesehen und kein Ohr gehört hat“* (1 Kor 2,9) und sich nach Überzeugung des Personen- und Freundeskreises um Jesus dennoch so ereignet hat: Die Auferweckung Jesu von den Toten.

Der Künstlermönch bedient sich bei seiner Darstellung eines prächtigen Rahmens. Offensichtlich weiß er, dass ein Bild mit dem umgebenden Rahmen gewinnen oder verflachen kann, und er entscheidet sich für Ersteres. Der Buchstabe A dient ihm als die Oster-Szenerie bergender Rahmen. Er bildet den Auftakt für den ersten Kehrvers der *Laudes*, des Morgenlobs am Ostermorgen. *„ANGELUS AUTEM DOMINI DESCENDIT DE CAELO.“ „Ein Engel des Herrn kam vom Himmel herab“* (Mt 28, 2). Engel tauchen in der Bibel dann auf, wenn Gott etwas Wichtiges, eine bedeutende Botschaft anzusagen ist. Denken wir nur an Rafael, der Tobias begleitet, oder an den Engel der Verkündigung, der Maria und mit ihr aller Welt die frohe Botschaft der Geburt des Erlösers übermittelt. Bei Matthäus obliegt ihm der Auftrag, den Frauen am Grab die Kunde der Auferstehung Jesu zu überbringen. Die „Grundierung“ des Buchstabens A, mit dem das Eingangswort Angelus beginnt, wird von geschwungenen, am Ende ausblühenden Arabesken gebildet. Lediglich am unteren Bildrand müssen die stilisierten Blüten den Köpfen zweier Fabelwesen, wohl Andeutungen für Dämonen, die angesichts dieser Botschaft in völlige Konfusion geraten, weichen. Doch die speienden Ungeheuer – dem puristischen Zisterzienserabt Bernhard von Clairvaux wären sie sicherlich ein Dorn im Auge gewesen! – vermögen, so viel sie auch speien wollen, mit ihrem dämonischen Schwall nicht gegen die Auferstehung anzukommen. Gerade eben hat der Auferstandene sein rechtes Bein aus dem Grab geschwungen und kommt dem Kopf des Dämons, den diese Botschaft „zertreten“ wird, verdächtig nahe. Der Kreuzstab mit der Siegesfahne in der Rechten bekundet, wessen der Sieg ist: Christi – und nicht der Dämonen.

Der Szenerie geht bei Matthäus eine kleine, doch nicht unbedeutende Notiz voraus, welche die Antiphon leider nicht aufgreift: *„ET ECCE TERRAEMOTUS FACTUS EST MAGNUS“. „Und siehe, es geschah ein gewaltiges Erdbeben“* (Mt 28, 2). Matthäus bringt dies zwar mit dem Erscheinen des Engels in Zusammenhang, doch dürfen wir das Erdbeben durchaus allegorisch deuten: Was sich am Ostermorgen in Jerusalem ohne Augenzeugen ereignete, was der unbekannte Mönch zeichnerisch meisterhaft dargestellt hat, das war in der Tat ein religiöses und spirituelles Erdbeben sondergleichen: Der Tod ist besiegt, der höllischen Schlange wird mit diesem Sieg der Kopf abgeschlagen, fortan hat nicht mehr der Tod, sondern das Leben das letzte Wort. Darum kann Paulus – und wir mit ihm – ausrufen: *„Verschlungen ist der Tod vom Sieg!"* Und mit einem nicht zu überhörenden zynischen Unterton kann er beißend fragend: *„Tod, wo ist dein Sieg, Tod, wo ist dein Stachel?"* (1 Kor 15,54bf.) In diesem Sinne kann man den Kreuzstab in der Rechten des Auferstandenen auch als den dem Tod entrissenen Stachel deuten.

Doch warum hält der Auferstandene ein Schwert in der Linken? Soll dies als das „passende" Attribut für die nur wenige Zeilen später folgende Sendung der Jünger zur Evangelisierung der Völker zu verstehen sein? (Mt 28, 19f.) Mitnichten! Wenn der Kreuzstab den dem Tod entzogenen Stachel symbolisch ins Bild hebt, so verweist das Schwert auf den dem Tod durch die Auferstehung tödlich zugefügten Schwertstreich. Mit Jesu Tod ist er enthauptet, gleichsam kopflos und durch seine Auferstehung wirkungslos geworden. Das Tor steht fortan dem Leben, dem ewigen, alles überragenden Leben offen.

„ET ACCEDENS REVOLVIT LAPIDEM." „Hinzutretend wälzte er [der Engel] *den Stein vom Grab". (Mt 28,2b) „Revolvit"* heißt es in der Vulgata, der lateinischen Bibelübersetzung. Darin stecken Vokabeln wie „Revolte", „Revolution", „revoltieren" und sogar „Revolver," die allesamt von der Besonderheit des Ereignisses zeugen. Eine Revolution bricht nicht aus nichtigen Gründen aus, selbst eine Revolte bedarf eines triftigen Grundes und revoltierende Menschen lassen sich nicht für billige Ziele einspannen. *„Revolvit"* sagt also etwas über die Dramatik des Ereignisses selbst aus. Mag Jesus auch Tote auferweckt und damit zu Lebzeiten für Aufsehen und mächtig Gesprächsstoff in Palästina gesorgt haben, die Auferstehung ist von ganz anderer Dimension als die Totenerweckung des Jünglings von Naïn oder der Tochter des Jaïrus. Hier geschieht, was niemand für möglich gehalten hat, hier werden bisherige Verhältnisse völlig auf den Kopf gestellt; hier hat der Tod ausgespielt und Krankheit und Leid haben ihr die Menschen quälendes Spiel verloren, denn kraft göttlicher Mutation, so papa em. Benedikt XVI., werden fortan neue Maßstäbe gesetzt. Nicht nur für Jesus, den die Evangelien als Gottes Sohn bezeugen, sondern für all jene, die sich ihm anschließen. Er ist zwar Erster in der Kette, wie Paulus bezeugt (1 Kor 15,20.23), *„doch dann folgen [...] alle, die zu ihm gehören"* (1 Kor 15, 23). Auferstehung tangiert also nicht nur die Person Jesu, Auferstehung berührt all jene, die sich in ihrem Leben um Jesus geschart haben. Darin liegt das *„Revolvit"*, das kommt in der Tat einer Revolution gleich.

Nachdem der Engel seine Botschaft an die Frau(en) gebracht hat – *„Fürchtet euch nicht! Ich weiß, ihr sucht Jesus, den Gekreuzigten. Er ist nicht hier, denn er ist auferstanden, wie er gesagt hat"* (Mt 28,5f.) – gibt er ihnen einige konkrete Anweisungen, die zu beachten sich lohnen: *„Kommt her und seht euch den Ort an, wo er lag! Dann geht schnell zu seinen Jüngern und sagt ihnen: Er ist von den Toten auferstanden und siehe, er geht euch voraus nach Galiläa, dort werdet ihr ihn sehen. Siehe, ich habe es euch gesagt. Sogleich verließen sie das Grab voll Furcht und großer Freude und sie eitlen zu den Jüngern, um ihnen die Botschaft zu verkünden."* (Mt 28, 6f.)

„Kommt her..."

Wer die Auferstehungsbotschaft vernehmen will, muss erst einmal im wahrsten Sinne des Wortes „kommen", d.h. äußerlich hinzutreten. Dem Jesus und der Kirche Fernstehenden wird sie kaum zu Gehör kommen, geschweige denn sein Leben berühren oder gar verändern. Doch selbst der Hinzutretende muss, wenn er diese Botschaft vernommen hat und sie in ihm wirksam werden soll, diese innerlich an sich herantreten, sich von ihr berühren lassen. Dazu ist ein doppeltes, nämlich ein äußeres und inneres Kommen vonnöten.

„...seht euch den Ort an, wo er lag!"

Für die Frauen ist dies zunächst eine Aufforderung, sich mit dem Sinnesorgan Auge von der Abwesenheit des Leichnams Jesu zu überzeugen. Für uns ist des Engels Aufforderung zum Sehen Ermutigung, die Augen des Glaubens weit zu öffnen, den über unseren Augen liegenden Schleier zu lüften, um mit Hilfe seelischer Sehkraft tiefer und klarer zu sehen als mit den leiblichen Augen, deren Schärfe und Glanz mit zunehmendem Alter verblasst. Dem Auge des Leibes bietet sich ein leeres Grab; das Auge des Glaubens aber, das mit dem Alter an „Sehkraft" gewinnt, erkennt im leeren Grab das Wirken des lebendigen Gottes.

„Dann geht schnell!"

Zweimal ist vom schnellen Gehen bzw. vom Eilen der Frauen die Rede. Klar, denn diese „unerhörte" Botschaft verdient keinen Aufschub, sie muss sich rasch gleich einem Lauffeuer im ganzen Land verbreiten, damit die Menschen vom Sieg des Lebens über den Tod, vom Sieg des Guten über den Bösen in Kenntnis gesetzt werden, damit sie aufatmen und erkennen können, dass sich mit diesem Morgen, dem Ostermorgen, eine ganz neue, bis anhin unbekannte Dimension und Qualität des Lebens auftut.

„...und sie eilten zu seinen Jüngern, um ihnen die Botschaft zu verkünden".

Nach dem Kommen, Sehen und Gehen wird nun vom Engel das Bezeugen eingefordert. Alle Jünger Jesu sind aufgerufen, diese irre, weil irreal klingende Botschaft durch ein entsprechendes Lebensbeispiel, nämlich einen neuen Lebensstil, zu bezeugen. Die Botschaft Jesu braucht Boten! Und diese erkennt man an ihrer *„ARS VIVENDI"*, ihrem persönlichen, auf Jesus ausgerichteten Lebensstil. Einem kühlen, lustlosen, sich von der Botschaft durch sein Verhalten distanzierenden Boten wird man diese Kunde niemals glauben. Darum braucht die Botschaft begeisterte, vornehmlich von Jesus innerlich berührte Zeugen. Der wahre Jünger Jesu muss von seinem Meister gleichsam „terraemutiert", d.h. in Mark und Bein erschüttert und zutiefst berührt sein. Wer zu ihm stets auf Sichtdistanz geht, wer ihn folglich nie konkret erlebt hat, wer nie eine persönliche Gotteserfahrung gemacht hat, der kann, mag er auch noch so viel Wissen über Jesus angehäuft haben und rhetorisch noch so geschliffen predigen, niemanden mit dieser Botschaft innerlich anrühren, geschweige denn davon überzeugen. Wer hingegen dem Auferstandenen begegnet und von ihm entflammt ist, der bezeugt mit seiner ganzen Existenz: „Jesus lebt!" Und mit einem Lächeln auf den Lippen und leuchtenden Augen darf er entspannt hinzufügen „Mit ihm auch ich!" (GL 336).

Abb. 65: Pfingstinitiale aus Cod. B 8

Missale Cisterciense, Codex B 8, fol 39v, 15. Jh.

Stift Heiligenkreuz, Handschriftenkammer

Spiritus Domini replevit orbem terrarum
Der Geist des Herrn erfüllt den Erdkreis

Eine Pfingstbetrachtung

Msgr. Dr. Bernhard Kirchgessner

Nach der Himmelfahrt Jesu, die wir als Rückkehr Jesu zu seinem Ausgangspunkt, zum Vater, verstehen dürfen, begeben sich die Apostel in Jerusalem in das Obergemach, wo sie mit Jesu „Brüdern", den Frauen und Maria, der Mutter Jesu, im Gebet verharren. (Apg 1,13f). „Die betende Urgemeinde", so übertitelt die sog. Einheitsübersetzung der Heiligen Schrift diese Szene. Eine Sequenz daraus zeigt die vorliegende Initiale S, entnommen dem Missale Cisterciense, Codex B 8, fol 39v, aus der Handschriftenkammer des Stiftes Heiligenkreuz, das auf das 15. Jahrhundert datiert werden kann. Eingehüllt in die schwungvollen Linien des ersten Buchstaben des sog. Introitus der Messfeier zum Pfingstfest – sie beginnt mit „SPIRITUS DOMINI REPLEVIT ORBEM TERRARUM – Der GEIST des HERRN erfüllt den Erdkreis" – sitzen vier Apostel mit Maria einträchtig beisammen. Das kunstfertige S, in welches der Maler die Personen hüllt, weckt den Eindruck, als säßen die fünf Personen eng und harmonisch wie auf einem Sofa beisammen. Mit niedergeschlagenen Augen geben sich alle dem betrachtenden Gebet hin, als eben jenes Geschehen anhebt, welches das zweite Kapitel der Apostelgeschichte berichtet. Ein Sturm bricht los, Feuerzungen lassen sich über einem jeden nieder und die vom Feuer Erfassten tun plötzlich Befremdliches, wie der Hymnus zur Laudes, dem liturgischen Gebet am Morgen des Pfingsttags bekundet:

> *„In allen Sprachen reden sie,*
> *die Menge staunt und steht gebannt,*
> *man glaubt vom Weine sie berauscht,*
> *die doch vom Geiste trunken sind."*

Drei der fünf dargestellten Personen lassen sich eindeutig identifizieren. Die Bildmitte nimmt Petrus im rosa Gewand ein. Rosa wird im liturgischen Kontext ähnlich wie Rot verwendet. Berühmte Maler wie Frau Angelico, Raffael, Tizian und El Greco hüllten zuweilen Jesus in die Farbe Rosa. Es ist jene Farbe, die am dritten Adventssonntag „Gaudete" und am vierten Fastensonntag „Lätare" den Priester in der Liturgie kleidet, Sonntage der Vorfreude auf die Menschenwerdung bzw. auf die Auferstehung Jesu. Wie Rot steht auch Rosa für Energie, Kraft und Leidenschaft, aber auch als Warnzeichen vor drohender Gefahr. Damit umreißt die vom

Maler gewählte Farbe die Aufgaben und den Dienst des Petrus wie auch seiner Nachfolger: Kraftvoll sollen sie das Volk Gottes leiten, voll Eifer und Leidenschaft für den Herrn und dort warnend den Finger erheben, wo Gefahr droht.

Links von Petrus sitzt Maria, die Mutter Jesu. Das Blau ihres Gewandes deutet auf Ruhe und Vertrauen hin. Maria ist sowohl in Jesu letzte Lebenstagen, besonders auf seinem letzten Gang, der via dolorosa, als auch unter dem Kreuz der Ruhepol. So nahe ihr das Geschehen auch geht – welche Mutter bliebe angesichts dieses Schicksals ihres Sohnes gleichgültig! -, sie bleibt standhaft, nichts vermag sie aus der Bahn zu werfen. Genau deshalb kann sie auch Johannes, rechts von Petrus in dunkles Grün gehüllt, Mutter und Stütze zu sein. Jesus hatte sie ihm ja unter dem Kreuz besonders nahegelegt. Das mag ein Grund sein, warum Maria seither in der Kirche so sehr verehrt und geschätzt wird. Sie ist und bleibt bei allen Stürmen des persönlichen wie gesellschaftlich-politischen Lebens der Ruhepol schlechthin, die Frau, an die sich die Menschen in allen, besonders in schwierigen Lebenslagen vertrauensvoll wenden. In Abwandlung eines bekannten Trauerspruchs lässt sich sagen: „Die Mutter ist´s – was braucht´s der Worte mehr.

Auf der Initiale ist Johannes der einzige Mann ohne Bart, was seine Jugend unterstreicht. Grün, die Farbe seines Gewandes, wird mit Kreativität und Enthusiasmus konnotiert. Damit steht Johannes repräsentativ für jene gesellschaftliche Gruppe, die der Kirche derzeit nahezu abgeht: Jugend- und mit ihr Begeisterung für den Glauben, Kreativität, die in der Kraft des Heiligen Geistes neue Wege gehen heißt. Wo jedoch die Jugend fehlt, überaltert Kirche. Wo hingegen Jugend präsent ist, zieht Jugend auch wieder junge Menschen und somit Nachwuchs an, wie das Stift Heiligenkreuz, dessen Handschriftenkammer die S-Initiale entnommen ist, belegt.

Ein weiterer Jünger, der Barfüßige, bildet den linken Bildrand; sein Gewand ist eine Nuance heller als jenes des Johannes. Ob er uns sagen will, dass Enthusiasmus und Kreativität kein Privileg der Jugend sind? Der Heißsporn des Jugendlichen ist längst von ihm gewichen, hat sich durch die in den Jahren geerdete Gottesbeziehung zu überzeugender Begeisterung für jenen gewandelt, dem er die letzten Jahre durch Galiläa gefolgt ist.

Der orangefarbene Jünger am rechten Rand fällt durch seine Handbewegung auf. Er legt seine Linke auf die Hüfte des Johannes. So dokumentiert er, dass Jünger Jesu Sein Halt und Gemeinschaft braucht. Einer allein kommt im Glauben nicht weit. Er bedarf der Kirche, der Gemeinschaft der Glaubenden. So kann er erfahren, was Papst Benedikt bei seiner Pastoralreise nach Bayern im Jahr 2006 in die Worte kleidete: „Wer glaubt, ist nie allein."

Über ihnen allen prangt die Taube, den Eindruck vermittelnd, als würde sie eben im Sturzflug herniedersausen. Von ihr gehen blutrote Strahlen aus, mündend in Feuerzungen, welche die Häupter, Herzen und Seelen der Dargestellten erfassen.

Der Geist ist es, welcher der ruhigen Szenerie mit seinen ausgespannten Flügeln Bewegung verleiht. Er nimmt die Bildmitte ein. Er schwebt über allen und allem. Seine Aufgabe ist es, wie von Jesus angekündigt, die Apostel alles zu lehren und sie an alles zu erinnern, was ER gesagt und getan hat. (Vgl. Joh 14,16).

Die Taube in Bildmitte ist Synonym für die Positionierung des Heiligen Geistes in der Kirche. Wer meint, ihn aus der Mitte der Kirche verdrängen und durch seinen eigenen Geist und seine Ideen ersetzen zu können, hat das „Prinzip Kirche" nicht verstanden Ohne Ihn, den Geist Gottes, geht in dieser Glaubensgemeinschaft nichts – auch heute nicht. Er kann nur dann wirken, wenn man ihn wirken lässt, wenn man sich in der Stille Zeit nimmt, um im Lärm dieser Tage seine Stimme zu hören, wenn man ihm im Gebet die Chance einräumt, überhaupt zu Wort kommen zu können. Da der Geist Gottes ein Freund von Überraschungen ist, lässt er sich weder durch menschliches Wunschdenken noch durch Zielvorgaben manipulieren. Wer dies dennoch versuchte und dem Geist Gottes somit ein Zwangskorsett anlegte, wird herb enttäuscht, denn „wo der Geist des Herrn ist, da ist Freiheit" (2 Kor 317).

Zurück auf Anfang. Die von einem mit Maltalent begabten, ja begnadeten Mönch gestaltete Initiale S steht für den ersten Buchstaben des Introitus zum Pfingstfest: SPIRITUS DOMINI REPLEVIT ORBIS TERRARUM – Der GEIST des HERRN erfüllt den Erdkreis. Blicken wir in gegenwärtige Zeit, so scheint eher der Ungeist des Bösen, Kriegerischen und Destruktiven, der Profitgier und des Egoismus den Erdkreis zu beherrschen als der Heilige Geist des Friedens und der Versöhnung. Dies lang und breit zu beklagen, mag psychologisch für den Moment aufatmen lassen, ändert jedoch nicht unsere Lage. Zielführender ist es, am Pfingstfest 2022 in Abwandlung einer Redensart zu bitten:

„HERR, lass Geist vom Himmel fallen,
aber bittschön Heiligen Geist!"

Hundertstes Todesjahr des Seligen Kaiser Karl Franz Joseph von Österreich (gestorben 1.4.1922)

Selig, die arm sind vor Gott; denn ihnen gehört das Himmelreich.

Die erste Seligpreisung der Bergpredigt des Matthäus (Mt 5, 3) im Leben des seligen Kaiser Karl.

P. Bernhard Vošický OCist

Der von Jesus in der Bergpredigt des Matthäus gelobte Mensch ist nicht gewalttätig, er nimmt seine Macht zurück, er ist aktiv friedfertig. Es ist das Ideal des weisen Herrschers, das hier geboten wird, nämlich barmherzig und friedenstiftend zu sein. In seinem Kommentar zum Neuen Testament, Gütersloh, 2012, schreibt Klaus Berger: „In Matthäus 5,3 meint Jesus die physische und nervliche Not, er spricht von den durch Übergriffe Verängstigten."[67] Die „Armen im Geiste" müsste man wiedergeben als die „armen Menschen, die gequält werden". Seit den Texten von Qumran wissen wir nämlich, dass „arm im Geist" der ist, den man nervlich „fertigmacht". Jesus selbst ist sanftmütig, er selbst ist verfolgt und wehrt sich nicht. Und so wie er Sohn Gottes ist, wird dasselbe Wort auch für alle die verwendet werden, die ihm und damit Gott ähnlich sind. Nach dem Evangelium sind es die Armen und Gequälten, die Traurigen, Menschen, die sich nicht wehren, die sich wirklich nach Gerechtigkeit sehnen, die unschuldig Verfolgten, Beschimpften und Verleumdeten, und zu ihnen gesellen sich so merkwürdige Menschen wie schlicht und einfach Barmherzige, Friedensstifter und solche „reinen Herzens".

Was meint Christus mit der „Armut im Geiste"? Er will bestimmt nicht die intellektuelle Dürftigkeit geistiger Anspruchslosigkeit und Verstandesschwäche seligpreisen. Es geht auch nicht nur um materielle, wirtschaftliche Armut. Armut im Geiste ist in der Forderung Christi das Bewusstsein der seelischen, religiösen Armseligkeit. Das Eingeständnis des eigenen Nichts, ja der eigenen Sündhaftigkeit vor Gott. Es ist also der Gegenstoß gegen jede Art Pharisäismus, gegen jede Haltung, die sich vor Gott zu rühmen sucht, gegen jede, auch die kleinste und feinste Einbildung auf irgendetwas. Es ist der Gegenstoß gegen das Pochen auf eigenes Tun.

---

67 Berger Klaus, Kommentar zum Neuen Testament, Gütersloh 2012, 2. Auflage (S. 30 f)

Die „Armut im Geist" ist das Fundament der Frömmigkeit als Eingeständnis der eigenen Armseligkeit. Der Mensch ist vor Gott nichts. Ja, er ist vor Gott Sünder, seinem Gericht überantwortet, seinem Urteil ausgeliefert. Nur wo das Bewusstsein eigener Schwäche und eigenen Unvermögens lebendig ist, ist auch der Ansatz für die Gnade gegeben.

Am Anfang eines religiösen Lebens und am Anfang einer Erneuerung der christlichen Kultur muss immer das Wort und das Werk Gottes stehen, nicht Wort und Werk des Menschen. So ist der erste Satz der Bergpredigt wirklich die Grundlegung zu einem Neubau. Im Leben des seligen Kaiser Karl spiegelt sich diese erste Seligpreisung des Herrn immer wieder.

Am 17. August 1887 auf Schloss Persenbeug an der Donau geboren und am 19. August vom St. Pöltner Bischof getauft, verliert er seinen leiblichen Vater Otto schon im Alter von 19 Jahren. Sein Onkel Franz Ferdinand wird als Erzherzog Thronfolger, Kaiser Karls Vormund, und Karl unterstellt sich ganz seiner Erziehung. Franz Ferdinand erklärt seinem Mündel, dass die Krone der Habsburger eine Dornenkrone sei, und es möge sich keiner zu ihr drängen, der nicht für sie geboren worden sei.

1907 wird Karl großjährig erklärt und am 28. Juni 1914 erfolgt das Attentat auf seinen Onkel Franz Ferdinand in Sarajevo. So wird Karl mit 26 Jahren Erzherzog Thronfolger.

Dieses demütige Unterstellen unter die Erziehung durch andere setzt sich unter Kaiser Franz Joseph fort, der noch bis zu seinem Tod am 21. November 1916 regiert und Karl kaum in seine Staatsgeschäfte einbezieht. Erst dann ist Kaiser Karl ex lege Kaiser und König und selbstständig in seinen Entscheidungen. Er lässt sich aber gerne in all seinen Plänen und Vorhaben gewissenhaft von erfahrenen Menschen und besonders von seiner Gattin Zita Bourbon-Parma beraten, die er am 21. Oktober 1911 in Schwarzau am Steinfeld ehelicht. Sie ist eine politisch interessierte, glaubensstreue und standhafte, aber auch sozial fühlende und handelnde Persönlichkeit.

Als er am 30. Dezember 1916 in Ungarn gekrönt wird, stellt er sich bewusst und demütig vor der Matthiaskirche in Budapest, an der Dreifaltigkeitssäule unter den Eid der ungarischen Verfassung. Als König Karl IV. von Ungarn erhalten er und Zita als Krönungsgeschenk 50 Tausend Goldstücke. Hier zeigt er nun auch seine Armut im materiellen Sinne. Denn er stellt alles für Wohnungen kinderreicher Kriegsinvaliden, Kriegerwitwen und für den Wiederaufbau von Siebenbürgen zur Verfügung. Jedenfalls ist er insofern arm vor Gott und arm im Geist, als er ohne Gebet vor dem Allerheiligsten, ohne Feier des heiligen Messopfers, ohne persönliches Gebet und Empfang des Bußsakraments keine Alleinentscheidungen getroffen hat. Außerdem handelt er nur nach Beratung mit seinem Ministerrat und vor allem seiner Gattin Zita.

Arm im Geiste wusste er auch Bescheid um die Armut seines Volkes und sorgte für die Bedürftigen des ersten Weltkrieges. Am 01. Juni 1917 gründete er ein Ministerium für Soziale Fürsorge: Jugendfürsorge, Wohnungswesen, Sozialversicherung und Fürsorge für Kriegsbeschädigte. Am 24. November 1917 gründete er außerdem ein Ministerium für Volksgesundheit.

Arm vor Gott unterschreibt er schließlich im Schloss Schönbrunn am 11. November 1918 eine Verzichtserklärung auf die Regierungsgeschäfte, keine „Abdankungsproklamation", wie man sie später bezeichnete, und am 13. November 1918 unterzeichnet er eine Verzichtserklärung auf Ungarn in Schloss Eckartsau im Marchfeld. Im restlosen Verzicht auf Ansehen, Geltung, Position, Prestige, Würde und seine Macht zeigte er seine religiöse Haltung des „arm Seins vor Gott" und seine Haltung der völligen Abhängigkeit von Gottes Allmacht.

Kaiser Karl erreichte durch den Waffenstillstand vom 3. November 1918, dass die Waffen ruhten und die Soldaten heimkehren konnten. Durch seinen Verzicht auf die Regierungsgeschäfte sorgte er dafür, dass keine blutigen Revolutionen in Österreich und Ungarn ausbrachen. Am 23. März 1919 reiste er mit der Lokalbahn von Kopfstetten-Eckartsau mit seiner Gattin, seiner Mutter und den damals vier Kindern Otto, Adelhaid, Robert und Phillip ins Schweizer Exil. Nach 700 Jahren Habsburger Dynastie verlässt er nicht als Dieb, sondern als Kaiser den Ort im Hofsalonwagen, zunächst ins Schweizer Exil.

Am 3. April 1919 wird von Karl Renner das Gesetz betreffend der Landesverweisung und der Übernahme des Vermögens des Hauses Habsburg-Lothringen beschlossen. Eine Rückkehr wird ausdrücklich untersagt. Für alle österreichischen Staatsbürger wird der Adel aufgehoben.

Zwei Restaurierungsversuche in Ungarn misslingen. Am 6. November 1921 beschließt das ungarische Parlament im „Dethronisationsgesetz" die endgültige Absetzung der Habsburger.

Mit dem Schiff geht es bis zur portugiesischen Insel Madeira in die Verbannung. Zita und Karl treffen am 19. November 1921 im Exil ein. Im Hotel Victoria in Funchal leben sie nur kurze Zeit, weil nicht genug Geld vorhanden ist, auch die persönlichen Juwelen werden gestohlen. „Arm vor Gott" und nun mehr auf seine Vorsehung angewiesen, übersiedeln sie in die Quinta do Monte, ein Herrenhaus einer Bankiersfamilie bei Funchal. Die klimatischen Bedingungen auf dem Berg waren sehr ungünstig, das Haus war feucht, alles roch nach Moder und der Nebel durchzog das Anwesen.

Am 9. März 1922 zog sich Kaiser Karl eine Erkältung zu, der Arzt stellte eine schwere Lungenentzündung fest, die Spanische Grippe. Dies führte am 27. März zum Eintritt der Bewusstlosigkeit, und am Mittag des 1. April starb Karl im Alter von 34 Jahren. Die Beisetzung erfolgte am 4. April 1922 unter Teilnahme von dreißigtausend Trauergästen durch den Bischof von Funchal. Sein Herz, das immer auf Gott und seine Barmherzigkeit und nicht auf eigenes Tun vertraute, das sich immer seiner Nichtigkeit vor Gottes Allmacht bewusst war, wird seit 1971 im Schweizer Benediktinerkloster Muri in einer Silberurne hinter dem Altar der Loretokapelle verwahrt.

Sein tiefer Glaube und die Ergebenheit in den Willen Gottes gaben dem jungen Kaiser, Gatten und Vater die Kraft, alle Heimsuchungen, aber auch Lügen und Verleumdungen durchzustehen. Man diffamierte Karl als „Pantoffelhelden", als „Verräter" (Kaiser Wilhelm II.), sowie als „Friedenssehnsüchtler" (Generalmajor Seeckt) und Zita als „italienische Verräterin".

Mit leeren Händen, arm vor Gott, in Gegenwart und in Anbetung des Allerheiligsten Sakramentes, starb er, vor 100 Jahren, am 1. April 1922 mit den Worten: „Jesus, komm zur mir. Herr, dein Wille geschehe".

Der Monarch war ein führender und für seinen Herrschaftsbereich, der Donaumonarchie, maßgebender Politiker, der die Völker Ostmitteleuropas in einem Staatenbund, den Vereinigten Staaten von Großösterreich, neu zusammenfassen und als konstitutioneller Monarch regieren wollte. Er scheiterte nach ernsthaften Versuchen in sehr schwerer Zeit mit diesen friedliebenden und auf dem Gedanken der Verschmelzung von Monarchie und Demokratie, Altem und Neuem, beruhenden Ideen. Er wagte sein Leben und zeitweise die Existenz seiner engeren Familie für dieses Vorhaben zur Erhaltung des Gemeinwohls und Vermeidung eines gewaltsamen Umsturzes, einer Revolution oder eines Putsches.

Seine Armut im Geiste des Evangeliums besteht darin, dass er noch zu seinen Lebzeiten völlig enteignet, von seinen politischen Gegnern ausgegrenzt, missachtet und unbedankt im Stich gelassen wurde. Seine Freunde (nicht seine engere Familie) vergalten ihm seine Friedenseinsätze schlecht, obwohl er immer auf den Rat christlich-katholischer Gelehrter hörte. Der französische Ministerpräsident Georges Clemenceau stellte Kaiser Karl als „Defätisten" oder „Verräter" dar.

Im November 1918 gingen die beiden Staaten, dass Kaisertum Österreich und das Königtum Ungarn (51 Millionen Einwohner, elf verschiedene Nationen) zu Grunde. Kaiser Karl wollte ein Staatswesen von ganz neuer Art schaffen, ein wirkliches Reich, in dem jede Nation ihre Autonomie besitzt, und doch alle zusammenwirken sollten. In seiner ganzen Lebensführung blieb er immer einfach und natürlich mitten unter den Menschen, gleichberechtigt neben den Seinen, in herzlicher Beziehung zu seinem Volk. Der Kaiser war tief religiös und wollte die Erneuerung aus dem religiösen Geiste der Bergpredigt: „Armut im Geiste, die alles von Gott erwartet, erhofft, ersehnt und nichts von sich selbst". Vielleicht trug ihm nichts mehr den Hass seiner Feinde und Gegner ein als seine fromme kirchliche Gesinnung. Das Bewusstsein der Verantwortung vor Gott bildete für ihn eine lebendige Kraft, eine stets gewärtige Richtschnur seines Handelns. Sein frohes Bekenntnis zu Gott machte ihn glücklich und sittlich stark. Aus dieser Quelle inneren Vertrauens schöpfte in den schlimmsten Tagen Trost.

„Selig die arm sind vor Gott, denn ihnen gehört das Himmelreich" (Mt 5,3).

Am 3. Oktober 2004 wurde Kaiser Karl von Österreich durch Papst Johannes Paul II. selig gesprochen.[68]

---

68 Verwendete Literatur:
Berger Klaus, Kommentar zum Neuen Testament, Gütersloh 2012, 2. Auflage
Broucek Peter, Karl I.(IV.) von Österreich und von Ungarn (1887–1922) in: Mikrut Jan (Hg.), Faszinierende Gestalten der Kirche Österreichs, (S. 225–272),
Feigl Erich, Kaiserin Zita Von Österreich nach Österreich, Wien-München 1986, 4. Auflage
Gutzwiller Richard, Gedanken zur Bergpredigt, Illertissen 2018 (S. 28–34)
www.wikipedia.org/Karl I. (Österreich-Ungarn)

Was den seligen Karl Leisner mit dem Stift Heiligenkreuz verbindet

P. Aegidius Metzeler OCist

Im deutschsprachigen Raum ist in den letzten Jahren der Namenstag, die Erinnerung an den und die Verehrung des Namenspatrons, der einen seit seiner Taufe begleitet, leider immer mehr in Vergessenheit geraten. Im nachfolgenden möchte ich an meinen *schönsten Namenstag* erinnern. Mein Ordensname ist Ägidius (1. Sept.), mein Taufname *Johann Baptist* (24. Juni). Gerufen werde ich von Kindheit an in dessen Kurzform „Hans", jedoch auch schon mal „Johannes".

Alles begann mit der Seligsprechung *Karl Leisners* am 23. Juni 1996. Dies war für mich der Anlass, die Biographie von René Lejeune über den neuen Seligen zu lesen *„Wie Gold im Feuer geläutert: Karl Leisner (1915–1945)"*. Und zu meiner großen Überraschung las ich in dem Buch, Karl Leisner habe die Jahre 1917/18 in Immenstadt i. Allgäu verbracht und seine Schwester Maria sei dort 1917 geboren worden. Wie ich dann herausfand, wurde sie dort am 23. November geboren und am 2. Dezember getauft. Das war für mich neu und hat mich zutiefst berührt, bin ich doch selbst in Immenstadt geboren und getauft worden. Nachforschungen begann ich vor Ort anzustellen und kam schließlich mit Familie Leisner in Kontakt, insbesondere mit Elisabeth Haas, der jüngsten Schwester des Seligen. 1998 fuhr ich aus diesem Grunde an den Niederrhein, seiner Heimat, dahin, wo er aufgewachsen war. Erstmals nahm ich am Gaudete-Sonntag 1998 an dem jährlichen Gedenkgottesdienst für den Seligen im Xantener Dom teil und an der Jahreshauptversammlung des Internationalen Karl-Leisner-Kreises (www.karl-leisner.de); das ist ein Verein, der die Erinnerung an den Seligen wach hält. Dort lernte ich Maria Leisner kennen. Karl Leisner hatte zu dieser seiner Schwester eine besondere Beziehung; denn es war geplant, dass sie ihm nach seiner Priesterweihe den Haushalt führe und ihm in der Seelsorge zur Hand gehe, gewissermaßen ihr Leben mit ihm unter einem Dach teilt. Aber durch den Tod ihres Bruders infolge seiner KZ-Haft am 12. August 1945 kam alles für sie ganz anders. Sie blieb in ihrer Heimatstadt Kleve, hat nicht geheiratet und blieb ihr Leben lang ledig. Und sie lud mich ein, sie in ihrer Privatwohnung in Kleve zu besuchen; es ist die Wohnung, in der sie und ihr Bruder und ihre anderen Geschwister bei den Eltern aufgewachsen waren.

Am Gaudete-Sonntag 1998 ging ich mit Maria Leisner – wir beide waren ganz alleine – in Xanten in die Märtyrerkrypta des Sankt Viktor Doms hinunter. Wir beteten dort gemeinsam vor dem Sarkophag, in dem die Gebeine ihres Bruders ruhen. Selten in meinem Leben hat mich ein gemeinsames Beten so berührt wie dieses in der Krypta des Doms. Tags darauf besuchte ich sie in der Flandrischen Straße 11 in Kleve, dem Elternhaus von Karl Leisner. Der Besuch war für mich etwas ganz Besonderes. Was ich im Nachhinein erfuhr: Maria Leisner war stolz darauf, in Immenstadt geboren und getauft worden zu sein. Ihre Geschwister wurden am Niederrhein geboren und getauft. Es gab keine Besuche aus ihrer Allgäuer Geburtsstadt bei ihr, ich war der erste und sollte auch der letzte sein. Denn ein halbes Jahr später verstarb sie am 19. Juni 1999 in den Karl-Leisner-Kliniken in Kleve. Sie war noch mit ihrem Fahrrad ins Krankenhaus gefahren, und als sie gestorben war, stand es wie zuvor dort. Die Familie informierte mich über ihren Tod, und es war für mich eine Selbstverständlichkeit, zu Requiem und Beerdigung nach Kleve zu fahren.

Zu dieser Zeit wohnte und arbeitete ich in Mittelberg im vorarlbergischen Kleinwalsertal, und so trat ich am 24. Juni zum zweiten Mal die Reise an den Niederrhein an, circa 700 km legte ich mit dem PKW zurück. Ich fuhr gleich zur Stifts- und Propsteikirche Sankt Mariä Himmelfahrt nach Kleve, der Heimatpfarrkirche des seligen Karl Leisner und seiner Geschwister.

Ich kann mich noch sehr gut erinnern: Beim Betreten der Kirche traf ich mit Karl Leisners jüngster Schwester Elisabeth Haas zusammen, sie erkannte mich gleich wieder. Ein paar Minuten später sollte dort die erste hl. Messe für ihr Schwester Maria beginnen, das Requiem war einen Tag später. Und als ich nun an diesem Abend, am Hochfest der Geburt Johannes des Täufers, also meinem Namenstag, die Klever Mariä-Himmelfahrtskirche betrat, wusste ich zunächst nicht, wo ich Platz nehmen sollte. Aber Elisabeth Haas sagte zu mir: „Betrachten sie sich als ein Mitglied der Familie Leisner, Sie gehen mit mir vor in die ersten Reihen.“ Und so nahm ich Platz bei den Familienangehörigen von Karl und Maria Leisner, alle in Trauerkleidung. Und wie das gemeinsame Beten mit Maria Leisner in der Märtyrerkrypta des Xantener Domes ein halbes Jahr zuvor, hat mich die jetzige Nähe zur Familie Leisner ganz besonders berührt.

Von den Geschwistern Karl Leisners – auch sein damals in Berlin lebender Bruder Willi war gekommen – wurde ich zum anschließenden gemeinsamen Abendessen in Kellen eingeladen, einem Vorort von Kleve, wo Karl Leisners jüngste Schwester Elisabeth Haas wohnte. Ich war der einzige Nicht-Verwandte in dieser Runde. Diese Nähe fand dann ihre Fortsetzung beim Requiem und der Beerdigung und auch in den nachfolgenden Jahren, wann immer ich nach Kleve kam. Ich kann mich noch erinnern, dass ich von Leuten in Kleve angesprochen wurde, sie wollten wissen, wie ich mit Leisners verwandt bin; ich habe dann geantwortet, verwandt sei ich nicht ...

Abb. 66: Sarkophag Karl Leisners

So bleibt mir dieser 24. Juni 1999 als mein bisher schönster und berührendster Namenstag in meinem Leben in Erinnerung. An jedem 24. Juni erinnere ich mich auch, wann und wo ich meinen Taufnamen bekommen habe, nämlich bei einer Nottaufe im Marianum in Immenstadt. Am 25. April 1961 gab es dann noch eine zweite Taufe in der Immenstädter Stadtpfarrkirche St. Nikolaus, wo einst am 2. Dezember 1917 Maria Leisner getauft worden war. Notwendig wäre diese zweite Taufe nicht gewesen, denn getauft ist getauft. Aber möglicherweise wurde ich ja beim zweiten Mal „getauft" *„sub conditione"*, also unter Vorbehalt.

Jedenfalls ist es für mich bis zum heutigen Tag eine besondere Freude, eine besondere Ehre, die Nähe zur Familie Leisner immer wieder erleben zu dürfen, steht doch der Name Leisner, wie von Galen, Bonhoeffer, Stauffenberg und viele weniger bekannte Namen für den Widerstand gegen den NS-Terror seinerzeit in meinem Heimatland.

Im Jahre 2008 fand ich dann nach Jahren der Wanderschaft meinen Weg ins Zisterzienserstift Heiligenkreuz im Wienerwald, wo ich ein paar Jahre später die Feierliche Profess ablegen durfte. Bewusst bin ich unmittelbar vor meinem Klostereintritt im Dezember dieses Jahres an den Niederrhein gefahren und habe erneut am Gaudete-Sonntag im Xantener Dom am dortigen Gedenkgottesdienst teilgenommen in Erinnerung, dass ich hier Maria Leisner kennengelernt hatte, die Schwester von Karl Leisner, gebürtig aus meiner Heimatstadt. Die Verbindung an den Niederrhein riss auch im Kloster nicht ab. 2012 und 2013 kam es zu sehr berührenden Begegnungen hier im Stift. Zu Fronleichnam 2012 durfte Abt Maximilian im Primizmessgewand des Seligen das Fronleichnamsfest hier feiern; im Mai 2013 hielt Elisabeth Haas gemeinsam mit ihrer Tochter Monika Kaiser-Haas im Kaisersaal des Stifts Heiligenkreuz einen interessanten und sehr beeindruckenden Vortrag über ihren Bruder bzw. Onkel: *„Karl Leisner (1915–1945) – Leben eines Glaubenszeugen“*.

Abb. 67: Abt Maximilian mit Elisabeth Haas und Monika Kaiser-Haas

Am 14. August 2023 wäre Elisabeth Haas, Karl Leisners jüngste Schwester, 100 Jahre alt geworden. An diesem Tag werde ich besonders an sie denken, der 14. August ist auch der Namenstag unseres Abtes Maximilian Heim. Sein Namenspatron ist der Märtyrerpriester Maximilian Kolbe.

Mögen alle diese Märtyrer für uns himmlische Fürsprecher sein und möge sich an jedem von uns einmal erfüllen, was wir in der Begräbnisliturgie beten oder singen:

„Zum Paradiese mögen Engel dich geleiten, die heiligen Märtyrer dich begrüßen und dich führen in die Heilige Stadt Jerusalem."

Herr, unser Gott,[69]

du hast dem seligen Karl Leisner
eine leidenschaftliche Liebe zu Christus geschenkt.

Diese bezeugte er bis zum Martyrium,
das er für die Jugend der Kirche auf sich nahm.

Gib auch uns auf seine Fürsprache die Kraft, als unerschrockene Zeugen für das Evangelium einzutreten und so dein Reich der Wahrheit und der Barmherzigkeit sichtbar zu machen. Darum bitten wir durch Jesus Christus ...

69 Tagesgebet zum Gedenktag am 12. August

„... und im Vertrauen auf Gottes Hilfe gehorche er aus Liebe“ (RB 68,5)

Der Christusbezug des Gehorsams in der Benediktsregel[70]

P. Leopold Schwaller OCist

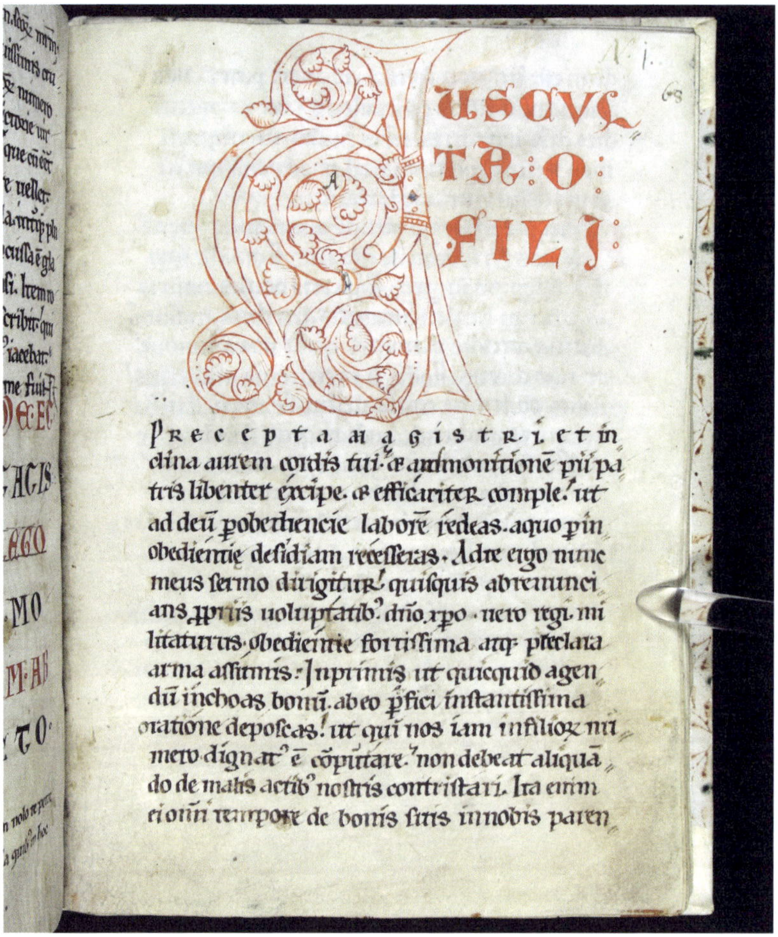

Abb. 68: Cod. 159 f. 68r Regula Benedicti

70 Dieser Artikel basiert auf dem letzten Abschnitt der an der Philosophisch-Theologischen Hochschule Benedikt XVI. Heiligenkreuz eingereichten Diplomarbeit des Verfassers. Vgl. LEOPOLD JOHANN SCHWALLER, *„Seid untereinander so gesinnt, wie es dem Leben in Christus Jesus entspricht“ (Phil 2,5). Über den Gehorsam Jesu und seine ethische und soteriologische Bedeutung*, Heiligenkreuz 2021

1. Das Gehorsamsverständnis der Benediktsregel

Obwohl sich Aussagen zum Gehorsam über die gesamte Benediktsregel verteilt finden, sagt besonders das 5. Kapitel („Wie der Gehorsam der Jünger sein soll“[71]) Grundlegendes über das Gehorsamsverständnis des Heiligen Benedikt. Wenn es dort im ersten Vers heißt, der Gehorsam sei der „erste Schritt zur Demut“ (RB 5,1: *„primus humiliatis gradus“*), ist weniger eine zeitliche Abfolge gemeint, sondern vielmehr, dass der Gehorsam „das Grundlegende, Entscheidende, Charakteristische im monastischen Leben“[72] darstellt. Wieso das so ist, erklärt Benedikt im zweiten Vers: „Er ist die Haltung derer, denen die Liebe zu Christus über alles geht.“ (RB 5,2) Die Liebe zu Christus als Motiv für den Gehorsam überrascht, wenn man bedenkt, aus welchen Quellen Benedikt sein Gehorsamsverständnis schöpft. Bei den Wüstenvätern etwa wurde vor allem der asketische Aspekt des Gehorsams hervorgehoben. Johannes Cassian beschreibt rigorose Gehorsamsproben, denen die Mönche unterzogen werden sollen.[73] In der Benediktsregel ist gegenüber dieser Sicht vielmehr die Hinordnung des Gehorsams auf Christus entscheidend. Michaela Puzicha schreibt: „Die eigentliche Motivation des Mönchs ist die Christusbeziehung. Die Bindung an seine Person, die dem Mönch alles bedeutet – *nihil carius*, stimmt überein mit der Zusammenfassung benediktinischer Existenz in dem Satz: ‚Der Liebe zu Christus nichts vorziehen.‘“[74] Der Gehorsam wird im Gegensatz zu anderen Regeln nicht bloß als Kreuz und Entsagung interpretiert. Das Ziel des Gehorsams ist im Verständnis des Heiligen Benedikt vielmehr die vollkommene Liebe. Diese Liebe wird nach dem 7. Kapitel der Regel über die Demut erreicht: „Wenn also der Mönch alle Stufen auf dem Weg der Demut erstiegen hat, gelangt er alsbald zu jener vollendeten Gottesliebe, die alle Furcht vertreibt.“ (RB 7,67) So erklärt sich die Wichtigkeit des Gehorsams, der den „ersten“ (also: grundlegenden) Schritt zur Demut darstellt (vgl. RB 5,1). Folgerichtig wird der Gehorsam bei Benedikt stets mit der Liebe verbunden: Auf der dritten Stufe der Demut etwa unterwirft sich der Mönch „aus Liebe zu Gott“ (RB 7,34) im Gehorsam einem Oberen. In Kapitel 68, wo es um die Befolgung eines schweren bzw. unausführbaren Befehls geht, soll der Mönch, nachdem er seine berechtigten Bedenken vorgebracht hat, „aus Liebe“ (RB 68,5) gehorchen.[75] Der Mönch gelangt also auf dem Weg des Gehorsams zur Demut, die ihn zur vollkommenen Liebe führt. Und in dieser vollkommenen Liebe verliert der Ge-

71 Zitate aus der *Regula Benedicti* erfolgen in dieser Arbeit nach folgender Ausgabe: *Die Benediktusregel. Lateinisch/Deutsch*, Beuron ⁵2011.

72 MANUELA SCHEIBA, *Gehorsam gegenüber dem Abt. Ein Beitrag zur Auslegungsgeschichte der Benediktus-Regel im 20. Jahrhundert* (= RBS 22), St. Ottilien 2009, 40.

73 Vgl. ebd., 82–84.

74 MICHAELA PUZICHA, *Kommentar zur Benediktusregel*, St. Ottilien ²2015, 167f.

75 Vgl. EMMANUEL HEUFELDER, *Vom Gehorsam im Geist der Benediktus-Regel*, in: EuA 42 (1966) 477–481, hier: 478.

horsam nach Benedikt alles „Harte und Schwere" (RB 58,8): „Aus dieser Liebe wird er alles, was er bisher nicht ohne Angst beobachtet hat, von nun an ganz mühelos, gleichsam natürlich und aus Gewöhnung einhalten, nicht mehr aus der Furcht vor der Hölle, sondern aus Liebe zu Christus, aus guter Gewohnheit und aus Freude an der Tugend." (RB 7,69).

Der Gehorsam wird im Kloster konkret dem Oberen gegenüber erbracht, wie Benedikt weiter schreibt (vgl. RB 3f.), doch steht hinter diesem Gehorsam die Bindung an Christus, nicht an den Oberen. Immerhin schreibt Benedikt nicht, dass Gott durch den Oberen spricht, sondern dass man seinen Auftrag ausführen solle, „als käme er von Gott" (RB 5,4). Dennoch kann man sagen, dass sich für Benedikt der Wille Gottes im Alltag im Befehl des Abtes konkretisiert. Aus diesem Verständnis heraus erklärt sich die Art des geforderten Gehorsams: Die Unverzüglichkeit, die von den Mönchen in verschiedenen Formulierungen an mehreren Stellen des Kapitels verlangt wird, erinnert nicht zufällig an die Reaktion der Jünger auf den Ruf Jesu: „Sofort ließen sie ihre Netze liegen und folgten ihm nach." (Mt 4,20) Auch die verwendeten Bezeichnungen „Meister" und „Jünger" (RB 5,9) legen diesen Bezug nahe.[76] Wenn Benedikt schreibt, dass die Mönche verlassen sollen, „was ihnen gerade wichtig ist" (RB 5,7: *„relinquentes statim, quae sua sunt"*), ist dies eine Formulierung, die sich auch im Hohelied der Liebe im 1. Korintherbrief findet. Dort schreibt Paulus, die Liebe „sucht nicht ihren Vorteil" (1 Kor 13,5: *„non quaerit quae sua sunt"*). Somit ist wieder auf die Liebe als Ursprung des Gehorsams verwiesen.[77]

Zusammenfassend kann man sagen, dass der Christusbezug des Gehorsams in der Benediktsregel darin besteht, dass der Mönch *Christus* gehorchen soll, indem er den Oberen gehorcht, und indem er *wie* Christus gehorchen soll.[78]

2. *Wie* Christus gehorchen

Auf der ersten und zweiten Stufe der Demut im 7. Kapitel der Benediktsregel steht der „Eigenwille" im Mittelpunkt, den der Mönch ablegen soll, um nicht in Sünden zu fallen (vgl. RB 7,12.19–22). Benedikt fordert: „Der Mönch liebt nicht den Eigenwillen und hat deshalb keine Freude daran, sein Begehren zu erfüllen." (RB 7,31) Vielmehr solle er diesen Eigenwillen mit Blick auf das Vorbild Christi ablegen. Der Gedanke, den „Eigenwillen" aufzugeben, entspringt grundsätzlich der Tradition monastischer Regeln, die Benedikt als Vorlage dienen. Doch sieht er im eigenen Willen nicht etwas grundsätzlich Negatives. Immerhin schreibt er im Kapitel über die Fastenzeit, der Mönch solle „aus eigenem Willen" (RB 49,6:

76 Vgl. SCHEIBA, *Gehorsam gegenüber dem Abt,* 41.
77 Vgl. PUZICHA, *Kommentar zur Benediktusregel,* 169.
78 Vgl. ebd.

„propria voluntate") Gott ein Fastenopfer darbringen.[79] Aus den Zusammenhängen, in denen in der Regel vom „Eigenwillen" gesprochen wird, lässt sich schließen, dass vielmehr der „egozentrische Eigensinn"[80] gemeint ist. Georg Holzherr schreibt: „Den ‚Eigenwillen' aufgeben heißt, von jenen inneren, sperrigen Widerständen und Egoismen abkommen, die viel seelische Energie absorbieren und Spannungen mit Mitmenschen provozieren. Nicht der Verzicht auf die Individualität ist das Ziel, sondern das offene Eingehen auf die anderen und die willige Einfügung in die Gemeinschaft"[81]. Den Eigenwillen aufgeben bedeutet somit, über „eine innere Freiheit gegenüber den Zwängen des ‚Lustprinzips'"[82] zu verfügen (vgl. RB 5,12). Beim Eigenwillen, wie Benedikt diesen Ausdruck verwendet, geht es um falsche Selbstbehauptung, um „eine egozentrische Dynamik, in der sich der Mensch dem Willen Gottes entgegenstellt und nach unbedingter Autonomie strebt"[83].

Auf der nun folgenden dritten Stufe der Demut wird dieses Ablegen des Eigenwillens mit der „Entäußerung" Jesu in Verbindung gebracht, von der der Philipperhymnus berichtet: „Aus Liebe zu Gott unterwirft sich der Mönch dem Oberen in vollem Gehorsam. So ahmt er den Herrn nach, von dem der Apostel sagt: ‚Er war gehorsam bis zum Tod'." (RB 7,34). Christus soll also in der charakteristischen Haltung der Demut, aus der sein Gehorsam hervorgeht, nachgeahmt werden.[84] Theresa Fischediek schreibt: „Das Gut des Gehorsams bedeutet demnach Verzicht, Herausgehen aus sich selbst um der Liebe zu den anderen willen, die tiefste Erfüllung des Anspruchs Christi. Jesus gehorchte seinem Vater, indem er sich Maria und Josef unterordnete, also menschlichen Autoritäten, ja sogar seinen Henkern. Alle waren für ihn auf ihre eigene Weise Werkzeuge seines Vaters. Daher kann ein Mönch, der Christus nachahmen will, nicht nur gegenüber dem Abt, sondern auch gegenüber seinen Brüdern Gelegenheiten des Gehorsams finden, indem er alle seine Lebensumstände und -situationen als Chancen betrachtet, sich dem Willen des Vaters zu überlassen."[85] Dass Benedikt diesen Gehorsam nicht nur mechanisch auffasst und keinen „blinden Gehorsam" ohne Wenn und Aber verlangt, zeigt sich etwa im Kapitel 68 („Überforderung durch einen Auftrag"). Der Mönch, dem etwas seiner Meinung nach zu Schweres aufgetragen

---

79 Vgl. GEORG HOLZHERR, *Die Benediktsregel. Eine Anleitung zu christlichem Leben*, Freiburg [7]2007, 118.

80 PUZICHA, *Kommentar zur Benediktusregel*, 169.

81 HOLZHERR, *Die Benediktsregel*, 118.

82 THERESA KARIN FISCHEDIEK, *Das Gehorsamsverständnis der „Regula Benedicti". Der Gehorsam als Grundlage für ein exemplarisch christliches Gemeinschaftsleben* (= RBS 13), St. Ottilien 1993, 50.

83 SCHEIBA, *Gehorsam gegenüber dem Abt*, 46.

84 Vgl. EMMANUEL HEUFELDER, *Die evangelischen Räte. Die biblisch-theologischen Grundlagen des Ordenslebens im Blick auf seine Erneuerung in unserer Zeit*, Wien 1953, 33.

85 FISCHEDIEK, *Das Gehorsamsverständnis der „Regula Benedicti"*, 51.

wurde, hat die Möglichkeit, dem Oberen gegenüber seine Bedenken zu äußern. Die letzte Entscheidung liegt allerdings beim Abt, der auf seinem Befehl bestehen kann. So kann es im Leben des Mönchs zu Situationen kommen, in denen es schwer ist, den Gehorsam zu leben. Benedikt schreibt auf der vierten Stufe der Demut: „Der Mönch übt diesen Gehorsam auch dann, wenn es hart und widrig zugeht." (RB 7,35) Jesus betet am Ölberg: „Abba, Vater, alles ist dir möglich. Nimm diesen Kelch von mir!" (Mk 14,36) Dennoch nimmt er den Willen Gottes, der im ersten Moment undurchführbar erscheint, im Glauben an.[86] Auch der Gehorsam ohne letzte Einsicht in den Sinn des Befohlenen ist somit Anteil am Gehorsam Christi, wie Hans Urs von Balthasar schreibt, „hat doch auch Christus, zumindest in der Passion, einen uneinsichtigen Gehorsam geleistet, womit er in der Stunde der Überforderung den Ungehorsam und die Besserwisserei Adams gesühnt hat"[87].

3. *Christus* gehorchen

Benedikt betont in den Kapiteln 2 und 63, dass der Abt im Kloster „im Glauben [...] Christi Stelle vertritt" (RB 63,13). Dass Gott seinen Willen durch einen Mittler kundtut, ist schon für die werdende Kirche im Neuen Testament bezeugt: Gott sendet etwa in der Apostelgeschichte einen Engel zum Hauptmann Kornelius, der diesem mitteilt, er solle Petrus zu sich kommen lassen (vgl. Apg 10,5). Hananias wird zu Paulus geschickt, um ihm das Augenlicht wiederzugeben und ihm den Plan Gottes zu eröffnen (vgl. Apg 9,10ff.). Gott bzw. der Engel Gottes hätten Petrus und Paulus auch selbst ansprechen können, stattdessen aber wurde auf menschliche Mittler zurückgegriffen.[88] Nimmt man die Beispiele aus dem Alten Testament hinzu, kann man die Vermittlung des Willens Gottes durch einen Menschen ohne weiteres als „charakteristischen Zug des göttlichen Heilswirkens"[89] bezeichnen. Der menschliche Mittler reiht sich ein in jene Zweitursachen, durch die Gott im ganzen Kosmos wirkt.[90] Der Gedanke der Stellvertretung ist in der Benediktsregel aber nicht nur im Fall des Abtes bedeutsam. Auch die Kranken und Gäste sollen behandelt werden, „als wären sie wirklich Christus" (RB 36,1). Benedikt stellt, wie Emmanuel Heufelder meint, „den Abt und die ganze klösterliche Gemeinschaft hinein in die durch die Menschwerdung des Sohnes Gottes begründete neue Sicht des Menschen. Seit der Sohn Gottes Mensch wurde, ist er

86 Vgl. AQUINATA BÖCKMANN, *„Wenn einem Bruder Unmögliches aufgetragen wird" (Regula Benedicti cap. 68),* in: EuA 68 (1992) 5–21, hier: 20.

87 HANS URS VON BALTHASAR, *Gehorsam im Licht des Evangeliums*, in: DERS., *Neue Klarstellungen*, Einsiedeln 1979, 128–144, hier: 137.

88 Vgl. JOSEF ZÜRCHER, *Die Gelübde im Ordensleben. Band 1: Der Gehorsam*, Einsiedeln–Zürich–Köln 1956, 109f.

89 Ebd., 110.

90 Vgl. ebd., 76.

mit allen Menschen so tief verbunden, daß alles, was einem von seinen geringsten Brüdern getan wird, IHM getan wird (Mt 25,40)"[91]. Wendet man diesen Gedanken auf das Verhältnis zwischen Abt und Mönch an, dann begegnet nicht nur der Mönch im Abt Christus und seinem Willen, sondern auch der Abt begegnet Christus im gehorsamen Mönch und hat sich ihm gegenüber dementsprechend zu verhalten.[92] Nicht nur die Mönche werden deshalb von der Regel aufgefordert, dem Abt „in aufrichtiger und demütiger Liebe zugetan" (RB 72,10) zu sein, sondern vom Abt wird das gleiche verlangt: Der Abt soll alle Brüder „in gleicher Weise lieben" (RB 2,22). Im 64. Kapitel heißt es: „Er hasse die Fehler, er liebe die Brüder." (RB 64,11) Man kann in der Benediktsregel insofern eine „umfassend konzipierte Ordnung der Liebe" sehen, „bei der in Liebe geleistete Autorität und in Liebe erwiderter Gehorsam sich zusammenfügen, sofern nur Mönch und Abt sich in einen beide gemeinsam erfassenden Gnadenzusammenhang hineingestellt wissen"[93].

Um den Abt nicht zu überfordern, wird in der Benediktsregel dem Umstand Rechnung getragen, dass auch er ein Mensch mit Fehlern ist (vgl. RB 2,40), der sich stets „seiner eigenen Gebrechlichkeit" (RB 63,13) bewusst sein soll. Nicht nur Christus, die Heilige Schrift und die kirchliche Lehre stehen über dem Abt, sondern auch die Regel, an die sich *alle* Brüder, also auch die Oberen, zu halten haben.[94] Der Abt ist für seine Mönche nicht der exklusive Vermittler von Gottes Willen.[95] So sollen zum Rat *alle* Brüder einberufen werden, „weil der Herr oft einem Jüngeren offenbart, was das Bessere ist" (RB 3,3). Auch das Kapitel 68, das von der Überforderung durch einen Auftrag handelt, zeigt, dass Benedikt nicht auf einem blinden Gehorsam besteht, sondern dass der Abt und der Mönch gemeinsam nach dem Willen Gottes suchen sollen.[96]

4. Fazit

Der Christusbezug des Gehorsams in der Benediktsregel zeigt sich darin, dass die Mönche durch ihren Gehorsam Christus gleichförmig werden sollen und diesen Gehorsam konkret dem Abt erweisen, der im Kloster die Stelle Christi vertritt. Um jedoch zu gewährleisten, dass im Kloster Gottes Wille geschieht und die Mönche „gemeinsam zum ewigen Leben" (RB 72,12) voranschreiten, ist auch das *gemeinsame* Hören auf den Willen Gottes wesentlich. Die ganze Regel, die mit

91 HEUFELDER, *Vom Gehorsam im Geist der Benediktus-Regel*, 478.
92 Vgl. SCHEIBA, *Gehorsam gegenüber dem Abt*, 459.
93 UWE KAI JACOBS, *Die Regula Benedicti als Rechtsbuch. Eine rechtshistorische und rechtstheologische Untersuchung* (= FKRG 16), Köln–Wien 1987, 186.
94 Vgl. FISCHEDIEK, *Das Gehorsamsverständnis der „Regula Benedicti"*, 60.
95 Vgl. SCHEIBA, *Gehorsam gegenüber dem Abt*, 55.
96 Vgl. FISCHEDIEK, *Das Gehorsamsverständnis der „Regula Benedicti"*, 66.

dem Wort „Höre“ (RB Prol 1) beginnt, ist letztlich „ein Ruf ins Hören“[97]. Alle im Kloster sollen deshalb belehrbar und offen für den Willen Gottes bleiben, „in dem Wissen, daß sie selbst auch nur auf der Suche sind, niemals im Besitz der ganzen Wahrheit“[98]. Der Mönch kann, nachdem er sich bemüht hat, in Demut und Sachlichkeit gemeinsam mit dem Abt den Willen Gottes zu finden, dessen Befehl im Vertrauen darauf annehmen, „dass es so gut für ihn ist“ (RB 68,4). Der Obere ist dabei jedoch gefordert, immerfort zu horchen, „wo sich ihm der Wille Gottes offenbart. Er muss sich bemühen, so lebendig mit dem, der ihn gesandt hat, verbunden zu bleiben, wie es Christus mit dem Vater war. Dann ist das Befehlen nur eine andere Art des Gehorchens. So finden sich der Befehlende und der Gehorchende nicht bloß äußerlich, sondern innerlich in dem gehorsamen Streben, den Willen des Vaters zu erfüllen nach dem Vorbild Jesu Christi“[99].

97 Ebd., 47.
98 Ebd., 99.
99 HEUFELDER, *Die evangelischen Räte,* 39f.

Predigten

Priesterweihe P. Emmanuel Heißenberger und P. Leopold Schwaller 10.9.2022

Erzbischof Dr. Franz Lackner

Hochwürdigster Herr Abt! Liebe Mönche, Mitbrüder im priesterlichen und diakonalen Dienst, liebe Weihekandidaten mit Euren Eltern, Geschwister, Verwandte und Freunde. Brüder und Schwestern!

Wenn ich das Wort Gottes betrachte, dann richtet sich meine Aufmerksamkeit gleichsam wie von selbst auf die eher nebensächlichen Geschehnisse und Bemerkungen, als dass man sogleich *in medias res* eindringt. Das zeigt auf der Worteebene, mit welchen Attributen die Hauptwörter versehen werden. So spricht man von einem Geistesblitz, hingegen jedoch von einem Hoffnungsschimmer. Diese Vorbemerkung scheint mir wichtig für das Verständnis der ersten Lesung. Da wird die triste Situation des Volkes Gottes zur Zeit des jungen Samuel beschrieben. In jenen Tagen waren Worte des Herrn selten, Visionen nicht häufig, heißt es. Und Eli schlief; es heißt seine Augen waren schwach geworden, und der junge Samuel kennt den Herrn noch nicht. Dahinein, in diese eher trostlose Umgebung, zeigt sich ein Hoffnungsschimmer, denn es heißt: *„Die Lampe Gottes war noch nicht erloschen."*

Das, liebe Schwestern und Brüder, ist Offenbarung: ein heiliger Rest, wie das leise Säuseln des Windes auf dem Berg Horeb; nicht Blitz und Donner wie auf dem Berg Sinai, sondern ein milder Lichtschein, in dem Gott sich dem Schauenden zeigt. In diesem Hoffnungsschimmer vermochte der blind gewordene Priester Eli dem jungen unkundigen Samuel doch die entscheidenden Worte zu sagen: *„Wenn er dich ruft, dann antworte: Rede Herr, denn dein Diener hört."*

Wir leben nicht in einer Zeit großer Offenbarungen. Unsere Augen, die Augen der Kirche sind auch schwach geworden. Kürzlich habe ich in einer Kulturgeschichte gelesen, da wurde eine Zeit beschrieben, die der unseren, wie mir scheint, sehr ähnlich ist. Da wurde auch vieles probiert, gedacht und getan; alles mit eher mäßigem Erfolg; und da hieß es weiter: *„und sie begannen zu beten und zu gähnen."* Auch heute gibt es gar nicht so wenig Interesse für den Glauben bei den jungen Leuten. Ich besuche viele Schulen, und ich muss sagen, da stelle ich gar nicht selten echtes Interesse am Glauben der Kirche fest. Mir will scheinen: die sind schon so weit weg, haben von zu Hause wenig mitbekommen, dass die Lehre der Kirche schon wieder irgendwie interessant ist. Ich will niemandem den

Glauben absprechen, man wird aber dennoch sagen dürfen, dass auch für sie gilt, was für den jungen Samuel gegolten hat: Sie kennen den Herrn noch nicht.

Liebe Kandidaten zum Weiheamt, das ist die Situation, in die ihr hineingestellt werdet. Ich stelle für unsere Zeit eine Müdigkeit fest. Da wird, was den Glauben betrifft, am helllichten Tag geschlafen; da werden modifiziert Antworten wie jene des Priesters Eli „geh wieder schlafen" gegeben. Worauf kommt es jedoch an? Was lehrt uns die Geschichte aus dem ersten Buch Samuel? Zuinnerst und zutiefst jenen zentralen Satz: *„Die Lampe Gottes war noch nicht erloschen."* Nicht auf die Scharfsinnigkeit des Priesters Eli, nicht auf die Schnelligkeit des jungen Samuel kommt es an, sondern auf den milden Lichtschein, diese demütige Anwesenheit Gottes, welche in dem Satz „die Lampe Gottes war noch nicht erloschen" dargestellt ist – darauf kommt es an. Weil dieses Licht den alten Samuel anstrahlte, konnte er den entscheidenden Hinweis geben, „wenn er dich ruft, dann antworte: Rede Herr, denn dein Diener hört". Gleiches gilt für den jungen Samuel. Hierzu fügt sich die bewegende Aussage unseres Papstes Franziskus. Auf die Frage, wer er sei, antwortete er einmal: „Ein Sünder, auf den Gott geblickt hat."

In der Weihe blickt Gott euch an. Und eure erste diakonale und priesterliche Sorge muss diese Lampe Gottes sein. „Wo ist Gott?", hat vor vielen Jahren, als ich bei einem Podiumsgespräch eingeladen war, ein Mädchen gefragt, nachdem wir zwei Stunden lang herumgestritten hatten über Strukturen, Forderungen und die uns immer wieder um die Ohren geworfene Unglaubwürdigkeit der Kirche. Ich bin diesem Mädchen bis auf den heutigen Tag dankbar für diese Frage. Meine Antwort damals mag euch vielleicht enttäuschen. Ich war schweißgebadet von der Diskussion, so dass mir gleichsam die Antwort herausrutschte: „Ich weiß es auch nicht". Ich wollte dann schon hinzufügen: „Hier nicht, wenn wir so herumfuhrwerken". Aber in dieser bange klingenden Frage „Wo ist Gott?" brach ein Lichtstrahl der Lampe Gottes hindurch, die noch nicht erloschen war.

Liebe junge Freunde, habt keine Angst, fürchtet euch nicht in der Begegnung mit der Welt, wie sie geworden ist. Lasst euch berühren von ihren Nöten, Freuden, aber auch von ihren Oberflächlichkeiten und ihrer Voreingenommenheit; ja es stimmt, wir sollen uns keine andere Welt wünschen als diese, in die hinein wir gesendet sind. Dort sollt ihr euch abmühen und dann und wann wie der Apostel Petrus sagen: „Herr, wir haben die ganze Nacht hart gearbeitet und nichts gefangen." Erfolg sei keine Vokabel Gottes, sagt Martin Buber. Dort ist auch der Ort, wo ihr eure Talente und Fähigkeiten mit einbringen sollt.

Ich habe immer den ersten Satz aus dem Römerbrief, wo Paulus sich vorstellt, in Verbindung mit dem priesterlichen Wirken gesehen. In früheren Übersetzungen hat es geheißen: „Paulus, Knecht Christi, berufen zum Apostel, auserwählt für die Botschaft des Evangeliums." Nur von „auserwählt" steht dort im Original nichts zu lesen. In der neuen Übersetzung hat man das korrigiert, denn es lautet: „ausgesondert für das Evangelium"; gleichsam weggestellt, abgesondert für das Evangelium. Das bedeutet: priesterlich zu wirken. Zum einen keine Berührungsängste mit der Welt zu haben, ob gelegen oder ungelegen zu verkünden, mächtig durch Wort und Tat. Jedoch, als ehemaliger Lehrer der Philosophie in dieser Hochschule erlaube ich mir den Hinweis: Bitte die Vernunft nie ganz ausschalten. In der Zelle jedoch (das mönchische Ideal wird euch helfen), am Altar, wenn ihr kostbarste Worte sprechen dürft, sie sind uns anvertraut, im Beichtstuhl, am Krankenbett, dort ist es mit der eigenen Kraft vorbei, dort seid ihr Diener der Gnade, Diener an der Lampe Gottes, die noch nicht verloschen ist. *In persona Christi* sollt ihr an diesen Orten handeln, das heißt, euch selbst mehr und mehr zurücknehmen. Ich nehme gerne das zweite Hochgebet, nicht weil es das kürzeste ist, sondern eines Satzes wegen: *„Wir danken dir, dass du uns berufen hast vor dir zu stehen und dir zu dienen.“* An diesen Orten sind wir wie Paulus: Knechte Christi!

Ich darf mit einem Wort meines Ordensvaters Franziskus schließen. Im Brief an den Orden schreibt er: „Seht eure Würde, ihr Brüder Priester, und seid heilig, weil Er selbst heilig ist. Und wie Gott der Herr euch wegen dieses Dienstes über alle geehrt hat, so liebt auch ihr ihn mehr als alle übrigen, erweist ihm Ehrfurcht und ehrt ihn. Es ist ein großes Elend und beklagenswerte Schwäche, wenn ihr euch, während ihr ihn so gegenwärtig habt, noch um irgendetwas anderes in der ganzen Welt kümmert.“ Und im Anschluss spricht er über die Eucharistie: „O wunderbare Hoheit und staunenswerte Herablassung! O erhabene Demut! O demütige Erhabenheit, dass der Herr des Alls, Gott und Gottes Sohn, sich so erniedrigt, dass er sich zu unserem Heil unter der anspruchslosen Gestalt des Brotes verbirgt! Seht, Brüder, die Demut Gottes. Demütigt auch ihr euch!“ Amen!

Abb. 69: Priesterweihe P. Leopold und P. Emmanuel

Maria bringt uns Jesus

Predigt bei der Großen Lichterprozession 14. August 2022 – Heiligenkreuz

P. Johannes Paul Chavanne OCist

Liebe Schwestern und Brüder,

wie in den vergangenen Jahren sind wir auch heuer am Vorabend des Hochfestes der Aufnahme Mariens in den Himmel zusammengekommen. Wir beten gemeinsam den Rosenkranz „Gesegnet bist du mehr als alle anderen Frauen, und gesegnet ist die Frucht deines Leibes!“, singen zu Ehren der Mutter Jesu, die auch unsere Mutter ist, gehen mit Kerzen in Prozession zu unserer schönen Heiligenkreuzer Lourdesgrotte, die für so viele Menschen aus Nah und Fern zu einem Pilger- und Zufluchtsort geworden ist und schütten vor Maria unser Herz aus. Wir bitten Maria, die Mutter Gottes, um Fürsprache in den vielen Anliegen, Sorgen und Nöten, die wir haben und die uns bedrängen. Und wir danken ihr für die vielen Gnaden und Freuden, die uns immer wieder geschenkt werden. So, wie alle Christen aller Jahrhunderte, machen auch wir heute die Erfahrung, dass Maria unser Gebet immer hört und uns mit Trost und Hoffnung erfüllt. Maria hilft uns in unserem Leben, wenn wir sie darum bitten – jeder, der zu Maria seine Zuflucht nimmt, macht diese Erfahrung: Maria ist eine Mutter für jeden Menschen, zu der wir immer kommen können, die uns immer mit offenen Armen erwartet und uns anhört und uns ihre Liebe, ihre Herzlichkeit, ihr Mitgefühl und ihren Trost schenkt.

Unsere Lichterprozession findet in einer Zeit statt, die von einer ganzen Reihe von Krisen gekennzeichnet ist. Jeden Tag werden wir mit diesen Krisen konfrontiert: da ist die Coronakrise, von der wir nicht wissen, wie sie im Herbst weitergehen wird, jetzt gibt es den Krieg, dazu die Teuerung, die alles unerschwinglicher macht, die wirtschaftlichen Sorgen, die damit einhergehen, dazu kommen unter anderem die Klimakrise und die soziale Krise. Wir alle spüren das: die Welt schwankt. Es gibt so viele Unsicherheiten, so viel Unklarheit, ... Und dazu hat dann noch jeder seine eigenen ganz persönlichen Sorgen: in der Familie oder im eigenen Leben.

In dieser Zeit sind wir auf der Suche nach Orientierung. Wir suchen Hoffnung und Licht auf unserem Weg. Wir suchen Auswege aus der Krise. Wir suchen Frieden, Geborgenheit, Sicherheit und Menschlichkeit.

Maria war für die Christen immer eine Begleiterin durch alle Krisen. Wir bauen auch heute darauf: Maria hilft immer! Maria kennt Schmerz, Leid und Tränen. Sie ist in ihrem Leben durch Krisen gegangen. Maria stand unter dem Kreuz, an dem ihr Sohn hing. Deshalb kennt Maria unsere Krisen und versteht uns. Maria führt uns durch alle Krisen hindurch!

Wenn wir heute unsere Blicke auf Maria richten, dann sehen wir: Vor Gott müssen wir nicht groß und stark und mächtig sein. Im Gegenteil: Gott stürzt die Mächtigen vom Thron, und er tritt denen entgegen, deren Herz von Hochmut und Stolz aufgebläht ist. Die Reichen und Satten, die schon alles haben, haben von Gott nichts zu erwarten.

Maria bezeugt es uns: Gott ist ein Gott der ganz normalen Menschen. Die Einfachen, die Demütigen, die Armen und die Stillen, die sind es, an denen Gott liebend handelt. Maria ist nicht groß, weil sie so viel gemacht und geleistet hat. Maria ist groß, weil sie Gott wirken ließ. Maria hat Gott machen lassen! Gott macht uns normale, einfache, kleine Menschen groß, indem er sich uns zuwendet und uns seine Liebe schenkt. Ja, der mächtige Gott tut Großes an uns, seinen Kindern. Gott beschenkt uns, seine Kinder mit seinen Gaben: mit Glauben, mit Hoffnung, mit Barmherzigkeit, mit Heilung und mit Liebe. Gott schaut auf die Niedrigen und die Erniedrigten – er übersieht keinen von uns! – und schenkt ihnen neue Kraft in seinem Namen.

Meine Lieben, Maria bringt Gott zur Welt. Maria bringt Gott zu den Menschen. Maria bringt uns Jesus. Maria „eilte“, um die Freude darüber, dass sie Jesus empfangen hat, mit anderen zu teilen. Wir haben im Evangelium gehört: Das bringt Freude! Das bringt die wahre Freude: Jubel, Freudensprünge, Lobrufe sind uns da von Elisabeth und von ihrem Sohn Johannes berichtet worden. Das ist auch die Erfahrung heute: die wahre Freude finden wir dann, wenn wir Jesus begegnen. Nichts erfüllt unser Herz so sehr mit Freude wie die Begegnung mit Jesus. Lassen wir uns von Maria Jesus schenken! Lassen wir uns von Maria die wahre Freude schenken!

Maria begleitet uns in allen Krisen. Maria begleitet uns durch alle Krisen hin zu Gott. Wo Maria ist, da ist der Heilige Geist. Wo Maria ist, da ist wahre Freude. Wo Maria ist, da kommt Gott zur Welt. Deshalb ist Maria die Hoffnung auf wahre Erneuerung – der Kirche und der Welt.

Maria erinnert uns: Gott will auch an jedem Menschen von heute – an uns! – Großes tun! Gott will Dich beschenken! Gott will auch von Dir empfangen werden. Gott will auch von Dir in die Welt und zu den Menschen gebracht werden. Gott will, dass auch Du ein Freudenbringer und ein Hoffnungsträger und ein Zeichen des Trostes in dieser unserer Welt wirst.

So gehen wir unseren Weg als Christen von heute gemeinsam mit Maria. Ihr vertrauen wir uns an. Wo sie ist, wird von Gott her alles neu. Der Weg mit Maria ist der Weg zu Gott. Dieser Weg ist kein Weg am Kreuz vorbei, aber ein Weg durch das Kreuz hindurch: In den Himmel. Dorthin ist uns Maria schon vorausgegangen. Dorthin lädt sie uns ein. Wir gehen im Vertrauen auf sie, weil wir wissen, dass sie uns im Himmel erwartet.

Amen.

Abb. 70: Lichterprozession zur Lourdesgrotte

Predigt am Kreuzerhöhungs-Sonntag im Stift Heiligenkreuz

18. September 2022

Domprobst Prälat Jószef Brenner

Hochwürdigste Äbte, liebe Mitbrüder, Brüder und Schwestern im Herrn,

die Evangelien berichten von dem Tod Christi sehr kurz. Er hat seinen Kopf gesenkt und seine Seele ausgehaucht. Dann sind die Leute zu Pilatus gegangen, um zu erbitten, den Leib Jesus vom Kreuz nehmen zu dürfen. Er wurde abgenommen, und sein Leichnam in einem Felsengrab bestattet. Natürlich fragt man danach: Was war mit dem Kreuz oder was ist mit dem Kreuz geschehen? Die Apostel waren froh, dass der Leichnam bestattet werden konnte. Wer hat an das Holzkreuz gedacht? Für diejenigen, die Christus gekreuzigt haben, war das Kreuz ein Schandfleck. Darum haben sie es in eine Grube geworfen. Später wurden die Kreuze mit Steinbrocken bedeckt, nachher hatte niemand Interesse daran. Die Apostel hatten wichtigere Aufgaben. Erst nach dreihundert Jahren stand das Kreuz im Zentrum des Interesses. Das ist kein Zufall. Laut der Überlieferung stand Kaiser Constantin der Große vor einer entscheidenden Schlacht. Er hat vor seinen Augen ein blendendes Kreuz gesehen und eine Schrift: „In diesem Zeichen wirst du siegen." Er hat gesiegt. Jetzt haben sich viele gefragt: „Was ist mit dem Heiligen Kreuz Christi geschehen?" In dieser Zeit pilgerte die heilige Mutter des Kaisers durch das Heilige Land. Sie wollte für die Sünden ihres Sohnes sühnen. Dort suchte sie eifrig nach dem Kreuz gesucht und fand es. Sie hat in Jerusalem Kirchen gebaut. Das Kreuz hat sie später nach Rom mitgenommen. Dort ließ sie eine Kirche erbauen: *Santa Croce in Gerusalemme*. Jetzt war das Kreuz erhöht. Es war nicht mehr ein Zeichen der Schande, sondern ein unschätzbares Zeichen, ein Kleinod. Die Verherrlichung des Kreuzes Christi als Zeichen der Erlösung.

Mit dem Kreuz Christi können wir verstehen, wofür in unserem Leben das Leid existiert.

Warum lässt Gott das Leid zu? Wofür sind Leid und Krankheiten gut? Das haben die Apostel auch nicht verstanden, als Jesus von seinem bevorstehenden Leidensweg und dem Kreuzestod gesprochen hat. Petrus hat dazwischen gerufen: „Das soll mit Dir nicht geschehen." „Der Menschensohn wird den Hohenpriestern und Schriftgelehrten ausgeliefert, sie werden Ihn zum Tod verurteilen, verspotten, geißeln und kreuzigen."(Mt 20,17) Auf dem Ölberg verstanden die Apostel nicht, warum Jesus leiden sollte. Sie haben ihn mit seinen Qualen allein gelassen. Als er bei ihnen ein bisschen Trost suchte, waren alle schon eingeschlafen. Nachher wollte Petrus mit seinem Schwert gegen die Bande von Judas kämpfen. Wir können uns selbst fragen: Wie oft kämpfen wir gegen das Leid mit unserer ganzen Kraft und stellen uns die Frage: Warum lässt Gott so etwas mit uns zu? Als die Apostel gesehen haben, dass Jesus sich selbst gefangen nehmen lässt, sind alle weggelaufen. Es gibt einen anderen Weg des Kreuztragens. Diesen Weg Jesu, den Kreuzweg, ist die schmerzhafte Gottesmutter Maria mit dem Apostel Johannes bis zum Ende gegangen. Sie standen unter dem Kreuz. Nach dem Tod Christi nahm sie ihren Sohn mit blutendem Herzen auf ihren Schoß. Diese Szene zeigt auch eine Statue der Pieta, die zur Erinnerung an den Seligen Anastas neben der Kirche in Szentgotthárd aufgestellt wurde. Dort denke ich immer an meine Mutter. Bei dem Begräbnis ihres Sohnes, meines Bruders, durfte sie das Gesicht ihres ermordeten Sohnes im Sarg nicht anblicken. Das hat die politische Polizei verboten. Auch Jesus ist ein Zeichen, dem viele widersprechen.

Das Kreuz existiert nicht ohne Christus.

Es gibt dazu einen schönen Brauch. Die Katholiken, die nach Jerusalem pilgern, durchschreiten den Weg, wo Jesus das schwere Kreuz getragen hat. In Gruppen gehen sie betend, und jede Gruppe trägt ein großes Kreuz auf ihren Schultern. Wenn wir in der Kirche den Kreuzweg beten, müssen wir unser Leben, beziehungsweise unser Kreuz betrachten. Wo stehen wir auf Jesus Kreuzweg? Unter denen, die Leid zugefügt haben oder unter denen, die Jesus folgen wollen, aber dazu zu schwach gewesen sind? Das Kreuz Christi war übermenschlich schwer, beladen mit unseren Schwächen, Lästigkeiten, Sündenfällen und Missetaten.

Was waren die Auswirkungen des Kreuzes?

Das verstehen nur diejenigen, die es einmal gefunden und getragen haben. Auf dem Kreuzweg wurde Simon von Cyrene bekehrt. Seinen Sohn Rufus hat Apostel Paulus in Rom begrüßt. Der Verbrecher auf dem Kreuz nebenan konnte mit Jesus im Paradies sein. Denn er hat verstanden, was es bedeutet, dass Jesus für seine Feinde gebetet hat. Der Centurio klopfte auf seinen Brustkorb: „Er war wahrhaftig der Sohn Gottes." Wer kann das Leid verstehen? Diejenigen, die schon das Kreuz erlebt haben. Der Heilige Paulus schrieb den Römern: „Freut euch mit den Fröhlichen und weint mit den Weinenden!" (Röm 12,15) Mein Seliger Bruder hat in seinem Tagebuch geschrieben: „Du weißt, ich suche mein Glück nicht auf dieser Welt. Ich habe mein ganzes Glück auf Dich gesetzt. Ich weiß, Du schonst die Deinigen vor dem Leiden nicht, denn sie haben davon unendlichen Gewinn." Die Märtyrer sind die wahren Kreuztragenden.

Schließlich ist der heutige Tag nur ein Gedenktag der Kreuzerhöhung. Meiner Meinung nach ist das wahre Fest der Kreuzerhöhung die Liturgie am Karfreitag. Dann geschieht es wirklich. In jeder Kirche hält der Priester das Kreuz empor, immer höher und höher, dann enthüllt er es langsam und singt. „Sieht das heilige

Holz des Kreuzes. Daran lag der Erlöser der Welt. – Die Gläubigen antworten darauf: Kommt Ihr Christen, mit tiefster Verehrung beugt die Knie. Hochheiliges Kreuz." Wenn man die Heilige Dreifaltigkeit darstellt, steht Jesus immer in der Mitte mit dem Kreuz. Wir beten sehr oft: „*Adoramus te, Christe, et benedicimus tibi, quia per sanctam crucem tuam redemisti mundum.*" [Wir beten dich an, Christus, und preisen dich, denn durch dein Kreuz hast du die Welt erlöst.]

Amen!

Abb. 71: Domprobst Prälat Jószef Brenner

Grußwort des Apostolischen Nuntius beim Besuch des Zisterzienserpriorates Neuzelle

Neuzelle, 6. Oktober 2022 – Hl. Bruno

Nuntius Erzbischof Dr. Nikola Eterović

Abb. 72: Gründerkreuz auf dem Klostergrund

Verehrter P. Prior! Liebe Zisterzienser-Mönche!

Mit Freude habe ich die Einladung angenommen, euch am heutigen Tag zu besuchen und euch die Grüße des Heiligen Vaters Franziskus zu überbringen und vor allem als Vertreter des Bischofs von Rom und Hirten der Universalkirche den Apostolischen Segen für den Neubau des Klosters Maria, Mutter, Friedenshorst zu spenden. Dieser Neubau wird sinnfällig machen, dass das einstige Kloster Neuzelle wieder lebt und seit 2018 mit Mönchen aus dem verehrten Kloster Heiligenkreuz in Österreich nach 200 Jahren wiedergegründet wurde.

Am Gedenktag des hl. Bruno, der am heutigen Tag des Jahres 1101 in Kalabrien gestorben ist, erinnern wir uns nicht nur der Mitbrüder aus dem ehrwürdigen Karthäuserorden, dessen Gründer er war, sondern wir sehen die Verbindung eures Klosterwappens mit dem Heiligen Kreuz zu dem Wahlspruch der Karthäuser: „*Stat crux dum volvitur orbis*“ - „Das Kreuz steht, solange sich die Erde weiterdreht“. Das Wappenkreuz von Neuzelle nimmt dann die Muschel als Zeichen der christlichen Pilgerschaft auf und positioniert es in die Mitte, wo sich die Kreuzbalken verbinden. Somit symbolisiert es die Herzmitte eures Glaubens, die im heutigen Evangelium ins Wort gebracht ist: „Ich will dir nachfolgen, wohin du auch gehst“ (Lk 9,57). Jeder von euch, verehrte Zisterzienser, ist dem Herrn Jesus bis hierher nachgefolgt und jeder hat dafür nicht nur das Elternhaus verlassen, sondern auch die Heimat und das Mutterkloster. In der Nachfolge Jesu gibt es eben die äußere Pilgerschaft des Gehens, wohin der Herr uns führt, und die innere Pilgerschaft des Bleibens, der *stabilitas loci* und des apostolischen Wirkens als Mönch: „Wir aber wollen beim Gebet und beim Dienst am Wort bleiben“ (Apg 6,4). Und so bitte ich euch im Namen des Heiligen Vaters Franziskus um das Gebet für seine wichtige Mission in Kirche und Welt. Schon der hl. Paulus bittet die Gemeinde darum und sagt: „Lasst nicht nach im Beten; seid dabei wachsam und dankbar“ (Kol 4,2).

Im Blick auf die Heiligen Benedikt, Bernhard und auch Bruno zeigt sich, dass das Ideal des monastischen Lebens diese beiden Elemente der inneren Beweglichkeit, die sie in ihrem Leben immer wieder an verschiedene Orte führte, und der äußeren Stabilität nötig sind, um die Dynamik des christlichen Glaubens den Menschen näherzubringen und um glaubwürdige Zeugen Jesu Christi und seines Evangeliums zu sein. Das Zeichen unseres Erlösers ist das Kreuz, in dem auch heute noch die Menschen durch Euer Vorbild das Heil, Leben und Hoffnung finden mögen. Gerade in dieser Gegend im Osten Deutschlands wird euer missionarisches Wirken gebraucht. Und so gilt für dieses wichtige Werk Jesu Wort: „Keiner, der die Hand an den Pflug gelegt hat und nochmals zurückblickt, taugt für das Reich Gottes“ (Lk 9,26).

Liebe Zisterzienser, ihr seid die lebendigen Steine, die in der Taufe und durch die Gelübde Christus, dem lebendigen Stein nachfolgen, um ein geistiges Haus zu bauen (vgl. 1 Petr 2,5). Euer neues Kloster wird nun an einem Ort aufgebaut, an dem es vorher ein Erholungsheim der Staatssicherheit (STASI) der DDR gegeben hat. Nunmehr soll im Wald von Treppeln ein Kloster entstehen, das für Menschen aus nah und fern zum Orientierungspunkt und zum Ruhepol werden möge. Vor allem aber sei es euch eine neue Heimat, von wo aus ihr eure Berufung leben könnt. Hierzu segne euch der dreieinige Gott auf die mächtige Fürsprache der allerseligsten Jungfrau Maria, Jesu und unsere Mutter, die der Hort des Friedens ist.

Amen.

8. Teil:
In Memoriam

Requiem für Klaus Beckmann am 31.05.2022

P. Andreas Wüller OCist

Liebe Trauergemeinde, liebe Familienangehörige, lieber Thomas und Stefan, sehr geehrter Herr Abt, lieber P. Prior und liebe Mitbrüder,

wir sind heute hier in der Kirche versammelt, wo seit Mitte der 1980er Jahre unser lieber Verstorbener, Klaus Beckmann, gemeinsam mit Hildegard die Sonntagsgottesdienste besuchte und wo er sich nach und nach auf unterschiedlichste Weise im Pfarrgemeindeleben tatkräftig miteingebracht hat. In dieser Kirche wollen wir heute von unserem lieben Verstorbenen, Klaus Beckmann, Abschied nehmen. Es gilt jetzt voll Dankbarkeit, aber auch Wehmut, vom Vater, Schwiegervater, Bruder und Großvater, und für die Klostergemeinschaft von unserem geschätzten Familiar Abschied zu nehmen. Wir tun dies in großer Dankbarkeit für alles, was Klaus in seinem Leben den vielen Menschen, mit denen er gelebt hat, Gutes getan hat. Gott hat ihm ein langes Leben von 89 Jahren geschenkt. Dafür sollten wir heute auch sehr dankbar sein. Nach einem so reich erfüllten Leben dürfen wir unseren Bruder im Glauben, Klaus Beckmann, wie eine reife Frucht in die Erde betten. Als Christen tun wir dies im Glauben an die Auferstehung. Im Abschied von einem engsten Angehörigen und sehr nahestehenden Menschen erfahren wir neu und kommt uns wieder deutlicher zu Bewusstsein, dass das Christentum die große Botschaft vom Leben ist.

Ein Zweites haben die engsten Angehörigen und wir selbst in den letzten Tagen und Wochen der Begleitung und des Abschiednehmens von Klaus begriffen: dass nämlich das Leben ein großes Wunder und der Tod ein großes Geheimnis ist. So stehen wir heute vor dem Wunder, vor dem reich erfüllten Leben unseres lieben Verstorbenen, Klaus Beckmann, und vor dem Geheimnis seines Todes. In diesen Tagen werden viele unterschiedliche Erlebnisse vom gemeinsamen Leben mit Klaus Beckmann in Erinnerung gerufen, allein schon dadurch, dass wir ja zu ganz unterschiedlichen Zeiten Kontakt zu ihm hatten. Beim jüngsten Trauergespräch, lieber Thomas, lieber Stefan, hatte ich den Eindruck, dass der liebe Verstorbene uns bei diesem Gespräch ganz nahe war. Das entspricht auch ganz der Überzeugung des hl. Hieronymus, der uns in solch schweren Stunden und Tagen zuruft: „Wer zu Gott heimgeht, der bleibt in der Mitte der Seinen." So wollen wir an dieser Stelle noch einmal auf das Leben von Klaus zurückblicken.

Er wurde am 20.3.1933 den Eheleuten Kurt und Martha Beckmann, geborene Goletz, als ältestes von zwei Kindern in Breslau geboren. Sein Vater war Geschäftsführer einer Wohnungsbaugesellschaft in Breslau. Am 4. Mai 1933 wurde Klaus dort in der evangelischen St. Bernhardin-Kirche getauft. Seine frühe Kindheit und Schulzeit verbrachte er in Breslau. 1945, am Beginn seiner Gymnasialzeit, gab es im Osten große Umwälzungen für Millionen von Menschen, so auch für die Familie von Klaus. Zunächst floh die Familie Beckmann aus ihrer Heimatstadt Breslau. Als die Familie kurz darauf dorthin zurückkehrte, kam die Vertreibung. Die Familie Beckmann fand 1946/47 schließlich Aufnahme bei einem Bauern im Landkreis Leer in Ostfriesland. In dieser Zeit fand auch die Konfirmation von Klaus in der Pfarrkirche zu Remels statt. Diese Zeit hat bei Klaus einen tiefen und prägenden Eindruck hinterlassen – vor allem der Umstand, dass bei der Betreuung der Vertriebenen nicht auf die Konfession geachtet wurde und sich ein katholischer Geistlicher um die Familie Beckmann kümmerte.

Wegen des beruflichen Werdegangs von Vater Kurt Beckmann zog die Familie 1947 nach Bochum, das für Klaus das neue Zuhause wurde. Zunächst wurde der Familie eine Wohnung an der Dr.-C.-Otto-Straße 32 zugewiesen. Hier schlug Klaus den zweiten Bildungsweg ein und begann mit einer Maurerlehre. Nach der Gesellenprüfung erfolgte der Besuch der Abendschule und die Fachhochschulreife mit dem darauffolgenden Studium zum Dipl.-Ing. für Hochbau. Nach einigen Zwischenstationen begann Mitte der 60er Jahre für Klaus Beckmann eine Tätigkeit bei der Firma Stelcon. Nun folgten viele erfolgreiche Jahre im Beruf. Als wir Mitbrüder hier im Kloster Klaus kennenlernten, war er schon federführend beim Betonwerk Stelcon tätig, wo er als Prokurist und gegen Ende seiner beruflichen Laufbahn sogar als Vorstandsmitglied die Firma führte, bis er 1997 in den wohlverdienten Ruhestand ging.

Das Leben unseres lieben verstorbenen Klaus Beckmann bestand aus vier Lebensbereichen: die Familie, die Firma, das Pfarrgemeindeleben und die jährlichen Reisen in die Bergwelt und zu den Nordsee-Inseln. Was das Familienleben anbelangt, war ein wichtiges Ereignis die Hochzeit mit Elsanne Träger im September 1958 und eure Geburt, lieber Thomas und lieber Stefan, 1958 und 1963. 1972 seid ihr beide mit den Eltern in die Wohnung am Roggenkamp eingezogen. Es folgte für alle eine schwere Zeit, als eure Mutter am 6. Oktober 1977 einem Krebsleiden erlag. Lieber Thomas, lieber Stefan, ohne die eigene leibliche Mutter ins Erwachsensein hineinzugehen ist wirklich sehr schwer. Euer Vater hat dann am 14. Juli 1978 neu geheiratet. Fast 40 Jahre war Klaus mit Hildegard Störkmann verheiratet, die am 12.8.2017 verstarb.

Ein weiterer Lebensbereich tat sich dann für Klaus auf, nämlich durch den gemeinsamen Kirchgang mit Hildegard zur Wallfahrtskirche, zum neugegründeten Kloster Stiepel mit der Pfarrgemeinde St. Marien. Von 1991 bis 2009 war Klaus Beckmann gewähltes Mitglied im Kirchenvorstand, 2000 bis 2009 war er stellvertretender Vorsitzender. Das fällt in die Zeit, lieber Herr Abt, wo Du hier in Stiepel als Prior tätig warst und mit der Mönchsgemeinschaft für den Ausbau des Altarraumes und für die Erweiterung des Chorgestühls gesorgt hast. Von Seiten der Pfarrgemeinde, vertreten durch die gewählten Mitglieder des KV, war mit der Klostergemeinschaft eine gute Zusammenarbeit wichtig. Aber auch bei vielen anderen Gelegenheiten hast Du, lieber Herr Abt, in Klaus Beckmann das erfahren, was Du in einem Mitbrüderbrief am 25. Mai 2022 so beschrieben hast: „Wir haben Klaus Beckmann sehr viel zu verdanken. Er war wirklich ein Brückenbauer und Architekt für die innere Stabilität der Kirchengemeinde St. Marien und unseres Klosters hier in Stiepel." Es ist unmöglich alle Bereiche aufzuzählen, in den Klaus über so lange Zeit für das Kloster und die Pfarrgemeinde eingebracht hat. Ich möchte hier stellvertretend für alle anderen Aktivitäten nur zwei kurz hervorheben: Klaus hat für das Kloster – und natürlich auch im Zusammenhang mit der Pfarrei - und unter Beteiligung vieler Mitarbeiter federführend zwei schöne Festschriften herausgegeben. Durch die Erstellung eines Entwurfs für die neuen Kreuzwegstelen hat Klaus wesentlich zum Gelingen der Sanierung und Erneuerung des Kreuzweges im Kirchenwäldchen beigetragen. Sein großer Einsatz rund um die Wallfahrtskirche war schon vor vielen Jahren Anlass genug, Klaus Beckmann in den Kreis der Stiepeler Familiare aufzunehmen.

Klaus kannte für seine vielfältigen Tätigkeiten zwei Kraftquellen. Mehrmals jährlich fuhr er mit Hildegard in den Urlaub. In den Bergen – im Gebiet von Greinau – und an der Ostsee fühlte er sich zuhause. Wöchentlich holte er sich die nötige Kraft durch seinen sonntäglichen Kirchgang hier in Stiepel. Das war auch letztlich der Grund, weshalb Klaus Anfang der 1990er Jahre den Wunsch verspürte, in die katholische Kirche aufgenommen zu werden.

In den vergangenen Jahren, als es Klaus gesundheitlich nicht mehr so gut ging, und er seinen sonntäglichen Kirchgang nicht mehr wahrnehmen konnte, habe ich ihm in einem Zwei-bis-drei-Wochenrhythmus die hl. Kommunion ins Haus gebracht. Jedes Mal sagte er mir ausdrücklich: „Danke, dass Du mir die Kommunion gebracht hast." So durfte ich Klaus, gemeinsam mit euch, lieber Thomas und Stefan, aber auch mit Dir, lieber Herr Abt, und mit meinen Mitbrüdern, begleiten. Obwohl es in den letzten Jahren noch viele Stationen gab, die Klaus zu durchlaufen hatte, hat er seinen Humor nie verloren. Am 21. Mai durfte er sein Leben schließlich in Gottes Hand zurücklegen. Voll Dankbarkeit schauen wir nun beim Abschied von Klaus Beckmann auf sein sehr langes und reich erfülltes Leben. All das, liebe Trauergemeinde, kann der Tod nicht einfach auslöschen. Es lebt auch nicht nur fort in unseren Erinnerungen und in unseren Herzen. Nein, all das wird der Herr durch den Tod hindurch zur Vollendung führen. So sind wir heute zusammengekommen, um für unseren lieben Verstorbenen Klaus zu beten, um ihn der Liebe und dem Erbarmen Gottes anzuvertrauen.

Gleichzeitig aber möchte ich Ihnen, liebe Angehörige, neben der Erinnerung an unseren lieben Verstorbenen auch noch eine andere, und ich wage zu sagen, die wichtigste Quelle des Trostes und der Hoffnung erschließen. Ich möchte heute mit Ihnen gern den Glauben an das Ewige Leben und an die Auferstehung der

Toten teilen. Und so lade ich Sie alle ein, den Blick auf Gott zu richten, denn Er ist unsere einzige Hoffnung. Wir haben gerade die Worte Jesu vom ewigen Leben gehört. „Im Hause meines Vaters gibt es viele Wohnungen... Ich gehe, um einen Platz für euch vorzubereiten." Jesus sagt dann weiter: „Ich bin der Weg und die Wahrheit und das Leben; niemand kommt zum Vater außer durch mich" (Joh 14,1–6). Diese Worte spricht Jesus heute zu uns. Sie sagen uns, dass wir zu einem ewigen Leben bestimmt sind. Dieses Leben bleibt ein Geheimnis, aber die Heilige Schrift lässt uns heute ein wenig hinter die Kulissen schauen. In seiner Offenbarung schreibt Johannes von einem neuen Himmel und einer neuen Erde: „Gott wird in ihrer Mitte wohnen. Der Tod wird nicht mehr sein, keine Trauer, keine Klage, keine Mühsal" (Offb 21,1–5a). Der Apostel Paulus ist sich sicher: „Wir verkünden, wie es in der Schrift heißt, was kein Auge gesehen und kein Ohr gehört hat, was keinem Menschen in den Sinn gekommen ist: das Große – die alles menschliche Begreifen übersteigende Weise der Vollendung – die Gott denen bereit hat, die ihn lieben." (1 Kor 2,9)

Liebe Schwestern und Brüder, liebe Angehörige, in dieser Stunde sollte uns wieder neu bewusst werden, dass das Christentum die große Botschaft vom Leben ist: Gott will nicht nur, dass wir Leben haben, sondern er will, dass wir das Leben in Fülle haben. (vgl. Joh 10,10) Was immer wir von Gott wissen, wie immer er sich den Menschen offenbart hat, immer geht es um dieses Eine: um das Ewige Leben in der Gemeinschaft mit seinem Sohn, Jesus Christus. Dies sind die Worte, die er bei der Auferweckung des Lazarus zu Marta gesprochen hat: „Wer an mich glaubt, wird leben, auch wenn er stirbt. Und jeder, der lebt und an mich glaubt, wird in Ewigkeit nicht sterben. Glaubst du das?" (Joh 11,25–26) Diese Worte können wir als die Kernaussage seines Evangeliums verstehen. Das bedeutet nicht, dass der Tod des irdischen Leibes damit seine Bitterkeit verliert. Aber sie wird sozusagen gelindert und aufgehoben, da Jesus uns durch sein Kreuz und Leiden, durch seine Auferstehung, ewiges, verklärtes Leben zugesagt hat. Dieses Heilshandeln an uns Menschen, dieses Heilsmysterium, haben wir gerade an Ostern wieder gefeiert, und wir feiern es natürlich auch in jeder Heiligen Messe. Der Herr hat bei seinem Abschied den Seinen versichert: „Ich werde euch zu mir holen, damit auch ihr dort seid, wo ich bin" (Joh 14,3). Das ist unser Trost und unsere Hoffnung, die uns aus dem Glauben an Jesus Christus geschenkt wird. So wird auch das Leben unseres lieben Verstorbenen Klaus Beckmann seine Vollendung finden im Wohnen bei Gott, oder anders gewendet: Für unseren lieben Verstorbenen Klaus ist nun das Ewige Ostern angebrochen.

Amen.

Abb. 73: v.l.n.r.: Werner und Anneliese Deschauer, Josef Oberberg und Klaus Beckmann bei der Ernennung zu Familiaren unseres Ordens

Requiem für P. Albert Urban OCist am 28. Juni 2022

P. Prior Michael Weiß OCist

(Offb 7, 9–10.13.14b-17, Joh 14,1–5)

Abb. 74: P. Albert mit Äbtissin Raphaela von Regina Mundi

Verehrte, liebe Trauerfamilie, liebe Freunde und Gefährten unseres P. Albert,

sehr geehrter Bürgermeister von Willendorf Ing. Johannes Bauer,
verehrte Vertreter des öffentlichen Lebens und der Vereine,

hochwürdige Mutter Äbtissin Raphaela von Regina Mundi,

hochwürdigster Herr Abt, Ven. Patres Priores, lieber Bischofsvikar,
liebe Mitbrüder,

liebe Schwestern und Brüder in Christus!

Schon vor Jahren übergab mir P. Albert die Vorlagen für sein Sterbebildchen. Es ist aus dem Codex 20 unserer Handschriftensammlung genommen und zeigt, wie Jesus die Tränen abwischt vom Gesicht dessen, dem er liebevoll die Hand auflegt und ihn tröstet. Vielleicht hat sich P. Albert damals selbst in dieser Initiale des Mittelalters aus dem 13. Jahrhundert entdeckt. Das Abwischen von Tränen ist ein Bild der Zärtlichkeit, der **Nähe** und Geborgenheit.

Im letzten Buch der Bibel wird es uns gleich zweimal versprochen. „Gott wird abwischen alle Tränen von ihren Augen". Johannes wiederholt hier die alttestamentliche Vision bei Jesaja 25, wo es heißt: „Er beseitigt den Tod für immer. Gott der Herr, wischt die Tränen ab von jedem Gesicht ... an jenem Tag wird man sagen: Seht, das ist unser Gott, auf ihn haben wir unsere Hoffnung gesetzt, er wird uns retten." P. Albert schreibt dazu: „Der Apostel Johannes weiß, dass jedes Menschenleben Tränen kennt: Tränen des Abschieds, Tränen der Enttäuschung, Tränen des Leides, der Reue, Tränen der Verlassenheit. ... Das Abwischen der Tränen ist etwas Mütterlich-Väterliches. Es sagt uns: Du hast viel gelitten. Bevor du [aber] eintrittst in die Herrlichkeit, in die Freude deines Herrn, vorher noch wollen wir alle Tränen wegwischen. Man könnte auch sagen: Dieses Abwischen aller Tränen ist das „Erste", was der Herr tut, wenn er einer geretteten Seele gegenübertritt. Es ist ein Bild unendlicher Liebe und Güte, ein zutiefst menschliches Bild."

Blicken wir auf dieses Leben von P. Albert: 1930 in Neunkirchen geboren, aufgewachsen in einer Baumeister-Familie, kirchlich engagiert, geprägt von den Minoriten in Neunkirchen und später, in seiner Konvikt-Zeit, von den Zisterziensern im Neukloster, maturierte der talentierte Schüler in Wr. Neustadt am Humanistischen Gymnasium. Es war eine schwere Zeit. 95% der Häuser in Wr. Neustadt waren vom Krieg gezeichnet. Wie viel Leid es in den Familien gegeben hat, können wir nicht ermessen. Am 19. August 1948 wurde der 18-jährige Maturant von Abt Karl Braunstorfer, den er ein Leben lang besonders geschätzt hat, eingekleidet. Zu dessen 70. Geburtstag ließ P. Albert damals diesen Stab entwerfen. Ca. 20 Jahre später wurde er für unseren Abt Gerhard von einem Künstler aus Katzelsdorf angefertigt.

Aber wieder zurück zu P. Alberts Lebenslauf: Nach seiner Feierlichen Profess wurde er im Stephansdom zum Priester geweiht. Die ersten Jahre war er Präfekt in der Oblatenschule Heiligenkreuz. Dann ging er als Kaplan ins Neukloster. Doch bald wurde er wieder von Abt Karl nach Heiligenkreuz bestellt, wo er schon ab 1963 mit der Leitung des Bauamtes betraut wurde. Unter Abt Franz ging es dann wieder zurück nach Wr. Neustadt in das 1970 neu eröffnete Bildungshaus St. Bernhard, das er mit aufbaute und in dem er acht Jahre lang Rektor war. In dieser Zeit betreute P. Albert als Seelsorger die Pfarre Seebenstein. Danach wirkte er als Seelsorger in Gloggnitz und ab 1986 – 18 Jahre lang – als Pfarrer von Maria Kirchbüchl. Gemeinsam mit Sr. Helene hat P. Albert hier segensreich gewirkt: Ihr gebührt ein herzliches Vergelt's Gott wie auch allen, die für P. Albert bis ins hohe Alter Stütze und Halt waren. Er baute damals in Willendorf die Thomaskapelle für die Werktagsmessen, das große Pfarrzentrum mit Bühne, renovierte die Pfarr- und Wallfahrtskirche Maria-Kirchbüchl, schuf Glaubens- und Gebetskreise und die Jungschar. Publizistisch und geschichtlich versiert gab er die neue Pfarrzeitung „Der Kirchbüchl" heraus und förderte die Errichtung des neuen Kreuzweges, den seine Nichte Dagmar Urban wunderschön gestaltete. Für all das wurde er im Jahr 2000 von der Gemeinde Willendorf mit der Ehrenbürger-Würde ausgezeichnet und von der Gemeinde Höflein an der Hohen Wand mit dem Goldenen Ehrenring. Er war so bescheiden, dass er diese Auszeichnungen nie hervorhob, aber er freute sich im Stillen sicher über diese hohen Anerkennungen.

Seit 2006 war P. Albert schließlich als Senior im Neukloster. Er blieb weiterhin Seelsorger, besonders im Landespflegeheim in der Neudörflerstraße. Außerdem hielt er gerne die Werktagsmessen, machte Krankenbesuche und Aushilfen in St. Peter am Wechsel. Für unseren Orden war P. Albert ein außergewöhnlich Gelehrter. Mit seiner weltweit größten zisterziensischen Briefmarkensammlung löste er Begeisterung nicht nur bei den Philatelisten aus.

Die ihn kannten, wissen am besten, wie Gott sein Leben gefügt hat. P. Albert war ein Segen für die vielen Menschen, denen er im Laufe seines Lebens begegnen durfte. Selbst jenseits des Eisernen Vorhangs pflegte er auch vor der Wende enge Kontakte – bis nach Leningrad und vor allem nach Ungarn. Vier Wochen vor seinem Tod konnten wir noch die ungarischen Zisterzienserinnen von Regina Mundi, die 40 Jahre im Untergrund leben mussten, besuchen – wie auch den Dompropst em. von Szombathely, József Brenner, den Bruder des seligen Märtyrers János Brenner. So schließt sich der Kreis einer langen Freundschaft. Im Himmel wird diese Freundschaft ihre Fortsetzung finden.

P. Albert war überzeugt, wenn er sagte: „Ich weiß, dass es keinen Zufall gibt. ... Ich glaube, dass Gott dahintersteht." Dass er schließlich noch am Tag seines plötzlichen Heimgangs die Hl. Messe und das Chorgebet wie auch das Mittagessen im Kreise aller Mitbrüder des Neuklosters sowie der Novizen und Novizenmeister von Heiligenkreuz erlebte, würde er sicher zu den Fügungen zählen.

Und doch blieb auch P. Albert immer ein Fragender. Vielleicht hätte auch er im Abendmahlsaal gemeinsam mit dem Apostel Thomas gefragt: „Herr, wir wissen nicht, wohin du gehst. Wie sollen wir dann den Weg kennen?“ Und Jesus hätte auch ihm geantwortet: „Ich bin der Weg und die Wahrheit und das Leben; niemand kommt zum Vater außer durch mich.“ Sein „Buch der Fügungen, der Zufälle und der Seltsamkeiten“ ist im Letzten ein verhaltenes Echo auf einen langen Lebensweg, der im Stillen Schweres trug und auch viel Schönes erlebte. Dazwischen aber **öffnete** sich unserem P. Albert die größere Wirklichkeit: „Wenn auch unser **äußerer Mensch aufgerieben** wird, der innere wird von Tag zu Tag erneuert.“ (2 Kor 4,16)

Blicken wir jetzt noch einmal mit P. Albert auf diese größere Wirklichkeit, auf die Vision vom Heiland, der unsere Tränen abwischt:

„Ich, Johannes, sah: eine große Schar aus allen Nationen und Stämmen, Völkern und Sprachen; niemand konnte sie zählen.

Sie standen in weißen Gewändern vor dem Thron und vor dem Lamm und trugen Palmzweige in den Händen. Sie riefen mit lauter Stimme: Die Rettung kommt von unserem Gott, der auf dem Thron sitzt, und von dem Lamm. …

Denn das Lamm in der Mitte vor dem Thron wird sie weiden und zu den Quellen führen aus denen das Wasser des Lebens strömt und Gott wird alle Tränen von ihren Augen abwischen.“

Amen

Abb. 75: Klosterfriedhof

Requiem für P. Petrus Hübner OCist am 13. November 2022 im Neukloster

Abt Maximilian Heim OCist

Lieber P. Prior, liebe Mitbrüder, liebe Schwestern und Brüder im Herrn!

In tiefer Trauer und dennoch voll Zuversicht auf Gottes Barmherzigkeit feiern wir heute die Seelenmesse für unseren Mitbruder P. Petrus, Bischofsvikar für das Vikariat Süd und Subprior im Neukloster. Ich bin P. Prior Michael sehr dankbar, dass er P. Petrus noch die Krankensalbung spenden konnte. Wir werden den 28. Oktober 2022 nicht vergessen: Hilflos standen wir um sein Bett in der Intensivstation und konnten nur noch beten und seine Seele Gott anempfehlen.

Der Tag, an dem er von Gott heimgerufen wurde, war sowohl der 56. Jahrestag seiner Einkleidung wie auch der 52. seiner Feierlichen Profess auf das Stift Heiligenkreuz. So erfüllte sich sein gesungenes *„Suscipe me, Domine"* – *„Nimm mich auf, o Herr, nach deinem Wort, und ich werde leben; lass mich in meiner Hoffnung niemals scheitern."* Und es bewahrheitete sich, anders als wir erwartet hatten, seine SMS: *„Befiehl dem Herrn deinen Weg und vertrau ihm, ER WIRD ES FÜGEN."* (Ps 37,5)

Paul Hübner wurde als achtes und jüngstes Kind der Familie Hübner 1948 in Wien-Lainz geboren und kannte seit seiner Kindheit die Familie unseres Altabtes Gerhard Hradil. Von Josef Hradil, unserem P. Nivard, wurde er zum Ministranten ausgebildet. Die beiden Familien Hübner und Hradil hatten Jahrzehnte lang enge Kontakte zueinander. So war es bewegend, dass P. Petrus am 94. Geburtstag von Altabt Gerhard starb.

Der Vater von P. Petrus war Gemischtwarenhändler. Nach dem frühen Tod des Vaters, der kleine Paul war damals 9 Jahre, riet die Mutter Hradil, ihn ins Internat nach Heiligenkreuz zu geben. Diese religiöse wie musikalische Prägung hat ihm den Weg bereitet. Ihn faszinierte der damalige P. Prior Walter Schücker OCist. Er war nicht nur ein Botaniker, sondern auch ein begnadeter Musiker und ein Genie im Improvisieren an der Orgel. Sensationell waren seine Fähigkeiten, Menschen zu unterhalten: Unvergesslich sind seine Faschingseinlagen. Aber sein größtes Charisma war seine Seelenführung! Er war ein tieffrommer Priester – nie aufdringlich: *„Er war auch der, mit dem ich mein erstes Berufungsgespräch geführt habe, und der mich bis zu seinem (plötzlichen) Tod spirituell begleitet hat"* – so schrieb P. Petrus. Nach der Matura am Bundesgymnasium Fichtnergasse in Wien suchte P. Petrus um Aufnahme ins Stift Heiligenkreuz an. Zuvor hatte er seine beiden ältesten Schwestern in den USA und in Canada besucht.

Am 28. Oktober 1966 wurde Paul als Frater Petrus in Heiligenkreuz eingekleidet. Ein Jahr später legte er seine Zeitliche und 1970 die Feierliche Profess ab. Von 1970 bis 1975 studierte er Kirchenmusik an der *Hochschule für Musik und Darstellende Kunst* in Wien und beendete dieses Studium erfolgreich mit der Diplomprüfung. Schon während des Studiums war er gleichzeitig Erzieher im Internat Heiligenkreuz, Musiklehrer und Stiftsorganist. Am 29. Juni 1973 (am Tauf- und Ordens-Namenstag) wurde er in Heiligenkreuz zum Priester geweiht und feierte am 1. Juli 1973 seine Primiz in Lainz, bei der der unvergessene P. Prior Walter Schücker OCist die Primizpredigt hielt. Jener beendete seine Predigt mit den Worten: *„Du bist nun ein Gesegneter. Werde jetzt zum Segen für die Menschen!"*

Dies erfüllte sich durch sein pastorales Wirken als Kaplan von 1975 bis 1984 im Neukloster. Besonderer Lehrmeister war P. Johannes, mit dem er schon als Kind viele Ausflüge machen durfte. Aber auch P. Wolfgang Wiedermann, späterer Zwettler Abt, der von 1965 bis 1975 im Neukloster war, faszinierte ihn. P. Prior Wilhelm war ihm ein väterlicher Freund.

Fast 20 Jahre war P. Petrus Pfarrer in Pfaffstätten – von 1984 bis 2002. Danach wurde er 2002 Pfarrer im Neukloster und Dechant des Dekanates Wr. Neustadt. Als er 2011 in die Pfarren Muthmannsdorf mit Stollhof und Maiersdorf berufen wurde, fiel ihm der Abschied vom Neukloster sehr schwer. Aber er gewann die Herzen der Menschen, die ihm anvertraut waren und wurde von unserem Kardinal 2016 zusätzlich mit der verantwortungsvollen Aufgabe des Bischofsvikars im Vikariat Süd betraut – bis zu seinem so unerwarteten Ableben.

Unser Herr Kardinal sagte: Die *„rührende Liebe für seine Gemeinden"* sei die *„Grundmelodie"* seines Lebens gewesen. Mit geistlicher Weltoffenheit und persönlicher Herzlichkeit hat P. Petrus auf die Anliegen seines Gegenübers geachtet, ohne die strukturell nötigen Prioritäten zu ignorieren – wie es P. Gerwin Komma SJ, der Bischofsvikar für die Orden, formulierte.

Kommen wir zum Evangelium, das wir gewöhnlich in unserem Orden am 13. November hören. Es ist das Weinstockgleichnis. Das erste, was der Herr uns sagt, ist: Ein Weinstock, der nicht beschnitten wird, verkommt. Jesus sagt: *„Mein Vater ist der Winzer. Jede Rebe an mir, die Frucht bringt, reinigt er, damit sie mehr Frucht bringt."* Wenn die Reben nicht beschnitten werden, treiben sie nur Blätter. Gott will das Fruchtbare. Mich hat es sehr bewegt, als mir ein junger Mitarbeiter von unserem Studio 1133 gesagt hat: „Durch P. Petrus bin ich wieder in die Kirche eingetreten." Es gilt das Wort des jüdischen Religionsphilosophen Philon von Alexandrien – eines Zeitgenossen Jesu: *„Die Seele ist der heiligste Weinberg"*-, dass ich in ihm bleibe, dass ich mich von ihm reinigen lasse und dass ich schließlich Frucht bringe für das ewige Leben schon hier auf Erden, wie die Heiligen. Damit Frucht werde, damit köstlicher Wein aus Trauben werden kann, braucht es die Sonne, aber auch den Sturm, das Dunkle und das Helle. All dies steht nicht zufällig in unserem Leben. Frucht, die bleibt? Jeder Mensch möchte Spuren hinterlassen, wenn er schon sterben muss.

Abb. 75a: P. Petrus Hübner OCist

Bis ins Spital hat P. Petrus sich leidenschaftlich für den Diözesanen Entwicklungsprozess eingesetzt. Er war überzeugt, dass sich die Kirche in dieser Umbruchszeit erneuern muss. Er regte noch an, bei unserer diesjährigen Pastoraltagung das Buch „Divine Renovation – Wenn Gott sein Haus saniert: Von einer bewahrenden zu einer missionarischen Kirchengemeinde" des kanadischen Priesters James Mallon zu besprechen.

Frucht, die bleibt, ist Liebe, die das Herz des Menschen verwandelt. Frucht, die bleibt, ist das Licht, das wir durch ein Wort des Glaubens, durch unser Tun aus Liebe heraus, durch die eigene Hingabe in die Menschen hineingesenkt haben. Gott schenkt uns die Gnade. Aber er will unser freies Mitwirken. *„Ich bin der Weinstock, ihr seid die Reben. Wer in mir bleibt und in wem ich bleibe, der bringt reiche Frucht, denn getrennt von mir könnt ihr nichts vollbringen."* Wenige Verse danach sagt Jesus zu seinen Jüngern: *„Ich nenne euch nicht Knechte, sondern Freunde."* Dies sagt er in der Stunde des Abschieds. Sind wir jetzt einfach verlassen, von dem, der vorausgegangen ist? Der hl. Hieronymus tröstet uns mit der Gewissheit: *„Wer zu Gott heimgeht, der bleibt auch in der Mitte der Seinen."* Vergessen wir einander nicht, sondern bleiben wir verbunden mit unseren Verstorbenen, indem wir für sie beten; und sie bitten für uns.

Als wir am Allerheiligentag in Heiligenkreuz unsere Pontifikalvesper beendeten, spielten zwei junge Kandidaten zum Auszug jazzig ausgelassen das Gospelstück *„Oh, When The Saints Go Marching In"* mit Orgel und Posaune. Mitten in der Trauer um P. Petrus kam Freude auf: Ja, wenn der Herr einst wieder kommt, ja, dann lass mich auch dabei sein, wenn der Herr einst wiederkommt.

Amen.

Abb. 76: Requiem mit Kardinal Christoph Schönborn

Autorenverzeichnis der Sancta Crux 2022

Johannes Auersperg-Trautson
Stefan Berger
Fr. Korbinian Eibel OCist
Fr. Diego Maria Garcez OCist
Reinhard Gölzner
Wolfgang Haider-Berky
Domprobst Prälat Jószef Brenner
P. Wolfgang Buchmüller OCist
P. Johannes Paul Chavanne OCist
Fr. Anastasius Erling OCist, Peter Höngesberg
Nuntius Erzbischof Nikola Eterović
Markus Greif, Alexandra Petschar, Benedikt Prokisch,
Herbert Steiner, Vanessa Zumtobel
P. Judas Thaddäus Hausmann OCist
Abt Maximilian Heim OCist
Christine Hollmann
Bernhard Kirchgessner
Erzbischof Franz Lackner
P. Eugenius Lersch OCist
P. Ägidius Metzeler OCist
Luiz Mantovani
Fr. Wilhelm Mauser OCist
P. Roman Nägele OCist
Leon Pürstinger
Erwin Reidinger
Daniel Schmidt
P. Leopold Schwaller OCist
P. Benedikt Stary OCist
P. Raphael Statt OCist
P. Tarcisius Sztubitz OCist
P. Bernhard Vošický
P. Tobias Westerthaler OCist
P. Michael Weiss OCist
P. Andreas Wüller OCist
P. Aloysius Zierl OCist

Danksagung

Der Schriftleiter ist Mag. Christine Hollmann aus Wien II, Mag. Monika Wenninger aus Wiener Neustadt, Mag. Walter Hollmann aus Katzelsdorf bei Tulln, Elisabeth Fürst und Sr. Martina aus dem Abteisekretariat dankbar.

Abbildungsnachweis

Ernst Birringer: Abb. 2
Gabriela Pichler: Abb. 46
P. Judas Thaddäus Hausmann OCist: Abb. 4
Zisterzienserpriorat Neuzell: Abb. 22, Abb. 72
Abt Maximilian Heim OCist: Abb. 3a, 5, 16, 17, 20a, 27, 27a, 73, 74, 75a
P. Martin Nguyen OCist: Abb. 24
Fr. Wilhelm Mauser OCist: Abb. 25
Erwin Pokorny: Abb. 26, 47
P. Aloysius Zierl OCist: Abb 28
P. Zacharias Greilinger OCist: Abb 29
Fr. Korbinian Eibel OCist: Abb. 32, 33
Wolfgang Haider-Berky: Abb. 34
Erwin Reidinger. Abb. 35
Lena Deinhardstein: Abb. 36, 37
Rudolf Weber – Neukloster Wr. Neustadt: Abb. 38
Elisabeth Schöffl: Abb. 39
Christoph Egger: Abb. 40
David Weidgenannt: Abb. 41, 42, 43
Christine Hollmann: Abb. 44, 45, 49, 50, 51, 54, 57, 59
Kunstmuseum Basel: Abb. 48
P. Johannes Paul Chavanne OCist: Abb. 63
P. Ägidius Metzeler OCist: Abb. 66, 67
Alois Haidinger: Abb. 68
alle anderen Elisabeth Fürst

Umschlagvorderseite:

Besuch bei Papst em. Benedikt XVI. im Garten des Klosters Mater Ecclesiae im Vatikan
v.l.n.r. Papst em. Benedikt, P. Wolfgang Buchmüller und Martin Leitner
Foto von Martin Schöffberger

Umschlagrückseite:

Papst Franziskus bei der Weihe an das Unbefleckte Herz Mariens
Foto von Abt Maximilian Heim OCist